交通与交流系列

中日文化交流史话

*A Brief History of
Sino-Japanese Cultural Exchanges*

冯佐哲 / 著

社会科学文献出版社
SOCIAL SCIENCES ACADEMIC PRESS (CHINA)

图书在版编目（CIP）数据

中日文化交流史话/冯佐哲著.—北京：社会科学文献出版社，2011.10
（中国史话）
ISBN 978-7-5097-2403-3

Ⅰ.①中… Ⅱ.①冯… Ⅲ.①中日关系-文化交流-文化史 Ⅳ.①K203②K313.03

中国版本图书馆CIP数据核字（2011）第111626号

"十二五"国家重点出版规划项目

中国史话·交通与交流系列

中日文化交流史话

著　者 / 冯佐哲

出 版 人 / 谢寿光
出 版 者 / 社会科学文献出版社
地　　址 / 北京市西城区北三环中路甲29号院3号楼华龙大厦
邮政编码 / 100029

责任部门 / 人文科学图书事业部 （010）59367215
电子信箱 / renwen@ssap.cn
责任编辑 / 孙以年
责任校对 / 李海云
责任印制 / 岳　阳
总 经 销 / 社会科学文献出版社发行部
　　　　　（010）59367081　59367089
读者服务 / 读者服务中心 （010）59367028

印　　装 / 北京画中画印刷有限公司
开　　本 / 889mm×1194mm　1/32　印张 / 6.5
版　　次 / 2011年10月第1版　字数 / 117千字
印　　次 / 2011年10月第1次印刷
书　　号 / ISBN 978-7-5097-2403-3
定　　价 / 15.00元

本书如有破损、缺页、装订错误，请与本社读者服务中心联系更换
▲ 版权所有　翻印必究

《中国史话》编辑委员会

主　　任　陈奎元

副 主 任　武　寅

委　　员　(以姓氏笔画为序)

　　　　　　卜宪群　王　巍　刘庆柱
　　　　　　步　平　张顺洪　张海鹏
　　　　　　陈祖武　陈高华　林甘泉
　　　　　　耿云志　廖学盛

总 序

　　中国是一个有着悠久文化历史的古老国度,从传说中的三皇五帝到中华人民共和国的建立,生活在这片土地上的人们从来都没有停止过探寻、创造的脚步。长沙马王堆出土的轻若烟雾、薄如蝉翼的素纱衣向世人昭示着古人在丝绸纺织、制作方面所达到的高度;敦煌莫高窟近五百个洞窟中的两千多尊彩塑雕像和大量的彩绘壁画又向世人显示了古人在雕塑和绘画方面所取得的成绩;还有青铜器、唐三彩、园林建筑、宫殿建筑,以及书法、诗歌、茶道、中医等物质与非物质文化遗产,它们无不向世人展示了中华五千年文化的灿烂与辉煌,展示了中国这一古老国度的魅力与绚烂。这是一份宝贵的遗产,值得我们每一位炎黄子孙珍视。

　　历史不会永远眷顾任何一个民族或一个国家,当世界进入近代之时,曾经一千多年雄踞世界发展高峰的古老中国,从巅峰跌落。1840年鸦片战争的炮声打破了清帝国"天朝上国"的迷梦,从此中国沦为被列强宰割的羔羊。一个个不平等条约的签订,不仅使中国大量的白银外流，更使中国的领土一步步被列强侵占，国库亏空，民不聊生。东方古国曾经拥有的辉煌，也随着西方列强坚船利炮的轰击而烟消云散，中国一步步堕入了半殖民地的深渊。不甘屈服的中国人民也由此开始了救国救民、富国图强的抗争之路。从洋务运动到维新变法，从太平天国到辛亥革命，从五四运动到中国共产党领导的新民主主义革命，中国人民屡败屡战，终于认识到了"只有社会主义才能救中国，只有社会主义才能发展中国"这一道理。中国共产党领导中国人民推倒三座大山，建立了新中国，从此饱受屈辱与蹂躏的中国人民站起来了。古老的中国焕发出新的生机与活力，摆脱了任人宰割与欺侮的历史，屹立于世界民族之林。每一位中华儿女应当了解中华民族数千年的文明史，也应当牢记鸦片战争以来一百多年民族屈辱的历史。

当我们步入全球化大潮的 21 世纪，信息技术革命迅猛发展，地区之间的交流壁垒被互联网之类的新兴交流工具所打破，世界的多元性展示在世人面前。世界上任何一个区域都不可避免地存在着两种以上文化的交汇与碰撞，但不可否认的是，近些年来，随着市场经济的大潮，西方文化扑面而来，有些人唯西方为时尚，把民族的传统丢在一边。大批年轻人甚至比西方人还热衷于圣诞节、情人节与洋快餐，对我国各民族的重大节日以及中国历史的基本知识却茫然无知，这是中华民族实现复兴大业中的重大忧患。

中国之所以为中国，中华民族之所以历数千年而不分离，根基就在于五千年来一脉相传的中华文明。如果丢弃了千百年来一脉相承的文化，任凭外来文化随意浸染，很难设想13亿中国人到哪里去寻找民族向心力和凝聚力。在推进社会主义现代化、实现民族复兴的伟大事业中，大力弘扬优秀的中华民族文化和民族精神，弘扬中华文化的爱国主义传统和民族自尊意识，在建设中国特色社会主义的进程中，构建具有中国特色的文化价值体系，光大中华民族的优秀传统文化是一件任重而道远的事业。

当前，我国进入了经济体制深刻变革、社会结构深刻变动、利益格局深刻调整、思想观念深刻变化的新的历史时期。面对新的历史任务和来自各方的新挑战，全党和全国人民都需要学习和把握社会主义核心价值体系，进一步形成全社会共同的理想信念和道德规范，打牢全党全国各族人民团结奋斗的思想道德基础，形成全民族奋发向上的精神力量，这是我们建设社会主义和谐社会的思想保证。中国社会科学院作为国家社会科学研究的机构，有责任为此作出贡献。我们在编写出版《中华文明史话》与《百年中国史话》的基础上，组织院内外各研究领域的专家，融合近年来的最新研究，编辑出版大型历史知识系列丛书——《中国史话》，其目的就在于为广大人民群众尤其是青少年提供一套较为完整、准确地介绍中国历史和传统文化的普及类系列丛书，从而使生活在信息时代的人们尤其是青少年能够了解自己祖先的历史，在东西南北文化的交流中由知己到知彼，善于取人之长补己之短，在中国与世界各国愈来愈深的文化交融中，保持自己的本色与特色，将中华民族自强不息、厚德载物的精神永远发扬下去。

《中国史话》系列丛书首批计200种，每种10万字左右，主要从政治、经济、文化、军事、哲学、艺术、科技、饮食、服饰、交通、建筑等各个方面介绍了从古至今数千年来中华文明发展和变迁的历史。这些历史不仅展现了中华五千年文化的辉煌，展现了先民的智慧与创造精神，而且展现了中国人民的不屈与抗争精神。我们衷心地希望这套普及历史知识的丛书对广大人民群众进一步了解中华民族的优秀文化传统，增强民族自尊心和自豪感发挥应有的作用，鼓舞广大人民群众特别是新一代的劳动者和建设者在建设中国特色社会主义的道路上不断阔步前进，为我们祖国美好的未来贡献更大的力量。

2011年4月

⊙冯佐哲

作者小传

冯佐哲,辽宁清原人,1940年5月生。1959年沈阳二中毕业,同年考入北京大学历史系,1964年毕业,分配到中国科学院哲学社会科学部(今中国社会科学院前身)历史研究所工作至今。先后被评为助理研究员、副研究员、研究员。从1974年始先后发表著、译作多种,论文、译文多篇。其中主要有《和珅评传》、《清代政治与中外关系》、《中国民间宗教史》、《清史与戏说影视剧》、《地理学家、旅行家徐霞客》等,并与人合作出版了《清代通史》、《清代人物传稿》、《中日文化交流史大系》(中、日文版)等书,并翻译了《中国经济史研究》和《道教》等书。

目 录

前 言 …………………………………………… 1

一 一衣带水的近邻 ………………………… 4
1. 西太平洋上的岛国及其远古居民 ……… 4
2. 秦汉以前中日间的接触与航线 ………… 7

二 秦汉时代的中日文化交流 ……………… 10
1. 有关徐福东渡的传说 …………………… 10
2. 汉朝与日本交往的物证——"金印" …… 17
3. 汉朝与倭奴国的往来 …………………… 20

三 魏晋南北朝与日本的文化交流 ………… 22
1. 魏晋与邪马台国的往来及其影响 ……… 22
2. 中国南朝与大和朝廷间的往来 ………… 26
3. 南朝文化对日本的影响 ………………… 29

四 隋唐与日本的文化交流 ………………… 32
1. 圣德太子与遣隋使 ……………………… 32

2. 隋文化对日本的影响 …………………… 37
3. 唐代——中日友好交往的高潮期 ………… 41
4. 唐文化对日本的影响 …………………… 78

五 五代宋元与日本的文化交流 …………… 87

1. 五代时期中日两国的交往 ………………… 87
2. 入宋日僧与奝然、荣西 …………………… 89
3. 贸易商对中日文化交流的贡献 …………… 102
4. 宋文化与日本文化的相互影响 …………… 105
5. 元日战争与贸易 ………………………… 112
6. 僧侣往来与文化交流 …………………… 115

六 明朝与日本的文化交流 ………………… 119

1. 明初中国与日本足利幕府的交往 ………… 120
2. 遣明使与勘合贸易 ……………………… 123
3. 僧侣往来与文化的相互影响 ……………… 126

七 清朝与日本的文化交流 ………………… 133

1. 南明与日本的交往 ……………………… 134
2. "闭关"与"锁国"时代的
   中日交往 ………………………………… 136
3. 中日两国正式关系的建立与
   中华使节 ………………………………… 156

4. 留学生赴日高潮与科学文化交流 159
5. 文化人互访与华人渡海访书 164

八　辛亥革命前后中日间的文化交流 168
1. 孙中山与辛亥革命 168
2. 鲁迅、李大钊、郭沫若与留学生 172
3. "贸易"与文化交流 177

结束语 180

参考书目 181

前　言

中国和日本是一衣带水、一苇可航的近邻。中国亦称"赤县"，日本又称"扶桑"。扶桑本为一种花色艳丽、十分好看的观赏灌木，以扶桑喻日本，乃是一种赞美。自古以来中日两国就保持着从未间断的文化交流的历史，也可以说是"文化之缘"长期把两国维系在一起，共同创造着光辉灿烂的人类文明，为世界的进步作出了各自的贡献。

中国和日本两大民族都是伟大的民族，两国人民一向以勤劳、聪慧和勇敢而著称于世。姑且不提远古的传说时代，仅就有文字记载的友好往来和文化交流的历史，就已有两千多年了，真可谓源远流长、绵延不绝。在漫长的岁月中，两国人民通过各种交往和交流，加深了了解，增强了友谊。毋庸讳言，在古代历史上，中日两国也发生过冲突和战争，但总的说来，在古代，两国之间的友好交往和互相促进是主流。到了近代，形势发生逆转，特别是日本在明治维新以后，很快走上了资本主义和军国主义的道路，紧步西方殖民主义国家的后尘，相继发动了甲午战争、日俄战争

（在中国领土上进行）和20世纪30～40年代进行的全面、残酷的侵华战争。这一切均给中国人民造成了巨大损失和深重灾难，也给日本人民带来了巨大损害。尽管如此，两国人民的文化交流和民间交往也没有停止过，这在世界历史上是极为罕见的。

中日文化交流的历史，可以追溯到久远的上古时代，突出表现为历时久、范围广、规模大、影响深。这种文化交流几乎涉及社会的各个阶层，以及他们生活的各个领域，可以说是丰富多彩、光辉夺目。其中既包括物质文化，也包括精神文化和制度文化等方面。仅从狭义的文化概念来说，这种交流也是多方面的，既包括社会科学，也包括自然科学，涵盖面极广，其中主要有文字、文学、史学、哲学、宗教、法律、伦理、道德、建筑、科技、园林、美术、音乐、舞蹈、戏剧、书法、医药、文献典籍、体育、武术、工艺、雕塑、饮食和民风民俗等各个方面。

第二次世界大战后，特别是中华人民共和国成立以来，中日两国人民的交往和文化交流日益加深，更富于广泛性和群众性。1972年中日两国恢复了外交关系，揭开了中日关系史和文化交流史的新篇章；1978年缔结的《中日和平友好条约》，成为中日两国人民世世代代友好下去的可靠保障，也是对亚洲和世界永久和平和稳定作出的巨大贡献。

我所编撰的这本小册子，简要地回顾了从远古至孙中山先生领导的辛亥革命期间的中日两国文化交流的历史，重温两国人民友好交往的一些人和事。其目的就是要促进两国人民的相互了解和友谊，增强彼此的团结和互助，教育子孙后代珍惜往昔的历史遗产，并以史为鉴，警惕有人为日本军国主义侵华战争开脱罪责，让中日两国人民永远友好，携手并进，共同创造更加美好的未来，让中日两国的友好往来像长江、黄河和信浓川一样，日夜奔流，永不停息。

  本书在编写过程中，除翻阅了原始资料外，还吸取了不少当代学者的研究成果，其中包括他们整理和引用的资料以及他们著作中的一些观点。由于"丛书"的篇幅所限，不能明确地一一指出，在此谨向他们致以衷心的感谢。由于笔者水平有限，故书稿中谬误不当之处一定不少，敬请方家、读者不吝指正。

冯佐哲

1994 年春于北京

中国社会科学院历史研究所

一 一衣带水的近邻

西太平洋上的岛国及其远古居民

中国与日本同处在世界的东方,即所谓远东地区,是一衣带水的近邻。

日本远离大陆,是孤悬于西太平洋上的一个列岛国家,由北海道、本州、九州和四国4个大岛和约3900个小岛组成。它的地形很像一张细长的弯弓,由东北向西南延伸着,总长3800公里左右,面积378000平方公里,占世界陆地总面积不到3%,约为中国的1/25。其中山地、丘陵约占全部国土面积的75%,其上布满茂密的森林,占山区总面积的65%。最高的山叫富士山,海拔3776米。最著名的山脉还有"日本阿尔卑斯山脉"。河流多短小湍急,故水力资源丰富,而不利于航行,最长的河流叫信浓川,全长367公里。在日本各地布满了活火山和温泉,是太平洋西岸火山地震带的一部分。日本地处北温带,属温带海洋性季风气候,四季分明,年平均降水量1800毫米左右。这种气候对农业,特别是水稻的生产非常有利。日本四面临海,鱼类资源丰富,是世界主要捕鱼国之一。日本矿业资源不太丰富,只有一些煤、铜、铝等矿产,远远满足不了国内需求。

据1994年日本外务省公布,日本全国人口数为一亿两千三百万人,居世界第7位,城市人口占全国人口的76%以上,大约每平方公里居住着332人,是全世界人口密度最高的国家之一。在全国人口中,除北海道有少数土著的阿伊努族(又称虾夷族)之外,几乎全部是大和民族。

中国和日本是东亚地区的近邻,两国隔着日本海、东海和黄海彼此相望,两国大陆最近处仅相距四五百海里,如日本九州的长崎与中国的上海相距460海里,日本南端的先岛群岛同中国的台湾相隔仅60多海里,故往来便利。即使在古代交通工具相对落后的岁月,中日两国人民相互间也有往来,早在远古时期就利用日本海流和朝鲜半岛以及对马海峡中一些星罗棋布的岛屿(如对马岛、壹岐岛等),进行人员往来和文化交流;到了唐宋之际,由于生产力的提高,特别是航海和造船技术的提高(如罗盘的广泛使用等),从而扩大了航线。除了以往从九州渡对马海峡、沿朝鲜半岛至辽东半岛、山东半岛海岸航行的航线外,又在两国相距最近的长江口、钱塘江口到九州北部一线上形成了新的航线,这样就使中日间的交往更为便捷、更加频繁了。

地质学家和考古学家多年来的考察和研究证明,在远古时代(即中生代),日本列岛和亚洲大陆是联结在一起的。关于这一点，我们可以从在日本列岛上发现的古生物化石和旧石器文化遗存与中国中原大地旧石器文化遗存有着许多共同点得到印证。据说大约在30万年至1万年前，即新生代第四纪更新世时，当海面因冰川期来临，日本列岛有几次通过陆桥与亚洲大陆相连，后来在1万年前的全新世初期，由于第四纪一次冰川期结束，气温变暖、海水上升和地壳的变动，日本列岛才最后脱离了大陆，孤悬于西太平洋之中。就是在这一时期，日本结束了旧石器时代，进入了新石器时代。在公元前300年以前日本的许多新石器时代遗存中，除发现了大量磨制石器外，还发现了不少手制黑色陶器。因其外部布满了草绳式的花纹，故人们又称其为绳纹式陶器，因此在日本历史上称这个时代为"绳纹文化时代"。

从考古发掘的出土文物来看，当时日本还处在原始公社制社会。人们多住在沿海地区，以捕鱼和狩猎为生。他们经常使用的工具是石斧、石镞和石投枪等，并且已使用兽骨制成的钩针和原始的鱼网捕鱼。

从公元前100年至公元200年左右，日本社会进入了新石器时代的晚期。此时金石并用，但青铜器很少，且多是从中国、朝鲜地区传入的，主要是青铜镜和青铜剑等祭祀用具。生产工具仍以石器为主，主要是石斧、石镰和石锄等。陶器是用陶钧生产的一种褐色陶器，其外形比较光亮，被称为弥生式陶器（因这种陶器最早发现于东京都文京区弥生町，故而得名）。因此日本历史上称这一时期为"弥生文化时代"。此时日本人口增加，贫富开始分化。人们多以农耕为业，兼顾渔猎和采集。在九州和本州的一些地区，人们已开始用铜器和玉器殉葬，氏族首领开始占据剩余财富并具有某些宗教特权，这一切均标志着日本的原始社会开始走向崩溃。

2 秦汉以前中日间的接触与航线

上古时期的先民们很早就知道利用海流进行渡航，加强接触。从菲律宾一带海域北上的黑潮暖流，流至日本奄美大岛西北方时，分为两支，一支流达对马海峡，继续向北流入日本海，与发源于鞑靼海峡（又名间宫海峡）南流的里曼寒流相遇，双方撞击后，一部分转而向东，到津轻海峡和宗谷海峡后分成一支支大小股支流而渐渐削弱，最后流至库页岛西岸而消失。这就是沿着日本列岛的左旋环流。先民们就是利用这一环流，驾驶小舟从朝鲜半岛东南部沿海顺流抵达日本本州的山阴道和北陆道地区。但是这只是一条原始的自然航路，基本上是有去无回、半漂流性的单线航路。

后来由于生产力的发展，造船和航海技术都有了进一步提高，先民们克服各种困难，开辟了一条横渡从日本九州北部（博多湾）经对马海峡、朝鲜海峡的海北道新航线，这就大大便利了人们的交往和文化交流。

通过这些航线，中国古代的先进文化和物质文明源源不断地传入了日本列岛。例如，发源于我国南方的水稻和稻作技术就是距今2500多年前（即中国春秋时代末期）传入日本九州一带的。这是由考古学家在九州发掘的一些遗存中，发现了炭化稻粒和水田遗迹得到证实的。同时日本列岛的旱地耕作也与大陆农耕有着密切联系。如大分县大石绳纹文化遗址所发现的石磨盘、石磨棒等粮食加工工具与中国华北地区的同类工具相似。中国的青铜器在先秦时期已传入日本西部地区。如本州中部日本海沿岸地区的山阴道、北陆和近畿一带发现了许多铜铎，在本州东南部和四国地区也发现了形大体薄、经日本人改铸的新式铜铎，考古学家认为这是中国铜铎及其制造技术较早通过日本海海流航线先传到山阴、北陆地区，然后又经此传入其他地区的；日本人在使用过程中进行了仿制和改造，从而创造出了日本式的铜铎。此外，考古学者还在对马岛、北九州以及近畿地区发现了不少铜剑、铜戈、铜镜和铜铎等器物，推测它们可能是通过海北道新航线由大陆传入的，当然也有的是在本地仿造的。此外，在本州的西部和中部地区还出土了一些中国战国时期燕国的钱币——"明刀"、秦代前期的"安阳方足币"和王莽时代的"货泉"等，反映了秦汉时代中日贸易的发展水平。

关于中日两国早期往来的历史，在中国典籍中也有记载。例如在《山海经》中就写道："盖国在巨燕南、倭北，倭属燕。"这里所说的"盖国"在朝鲜半岛的盖马山之东，即汉代玄菟郡以西的盖马县；"巨燕"

意为"大燕",即中国北方古燕国;"倭"即日本的古称,在朝鲜半岛之南。当时倭国被视为属于燕国。《山海经》可以说是一部研究古代地理的典籍,成书较早,其中主要反映了周与春秋时代的一些情况。以上记述,说明早在先秦时代,中日两国先民已通过朝鲜半岛频繁往来,进行物质、文化交流。此外,在汉代学者王充所著的《论衡》一书中,也提到在周成王时有倭国人贡献香草的故事。这些文献都反映了中日两国人民早期交往的史实。

春秋战国时代,群雄割据,征战不已,为避免兵祸战乱,中国北方的燕、赵、韩和齐等国的人民有不少逃难到朝鲜半岛,有的人进而还从这里渡海到日本列岛,在那里定居和繁衍,成为日本居民的祖先的一支,这就是日本史学家们所说的"铜铎民族"、"出云民族"和"无降民族"。由此可见,早在日本史前时期,即中国的殷周至春秋战国时代,中日两国人民就已有着密切的交往。当时中国先进的生产工具、技术和文化就已经传到日本,但是这种交流是自发的,只是为了满足人们基本的生产和生活的需要。

二　秦汉时代的中日文化交流

有关徐福东渡的传说

公元前3世纪末至公元3世纪初的大约400余年间，是中国的秦汉时代，当时中国已经是一个封建统一的东方大国，无论在政治、经济和文化方面在世界上均处于领先地位，对世界其他地区，尤其是周边各国都有巨大影响。当时日本已从绳纹文化时代进入弥生文化时代，原始公社制社会已渐渐瓦解，许多部落小国彼此并列，不时与中国、朝鲜等国往来。此时又有不少中国人或为了躲避战乱，或为了摆脱当权者的残暴统治，取道朝鲜半岛渡海到了日本列岛。他们不但带去了大量先进的生产工具和技术，而且带去了大陆的先进文化，这一切都推动了日本社会的进步和生产力的提高。

公元前221年，秦始皇统一了六国，在中国历史上第一次建立了中央集权的大一统的封建国家。秦始皇当政期间，为了进一步巩固统治，他统一了文字、度量衡，修建了驰道，并积极扩大领土，经营边疆各地，特别注意对沿海地区的开发。他曾多次到各地巡游，并4次巡海，先后到过辽东、山东和东南沿海等地区。当时在中国沿海地区设置了不少造船工场，能制造较大型的木帆船，甚至楼船。当时沿海地区，特别是渤海、黄海地区的居民由于具有航海传统，高超的航海技术及丰富的航海经验，他们经常驾驶着木船往来于沿海各个海岛之间，其中也包括日本列岛。在这种时代背景下，在中日两国的民间，并且在两国的文献记载中一直流传着有关"徐福东渡"的传说。其故事梗概大致如下：在秦始皇统治时期，齐国（大致位于今山东一带）有一位方士名叫徐福（《史记》中为徐市，古时"市"音 fèi），他为了迎合秦始皇想长生不死、永做皇帝的心理，上书说东海中有三座神仙居住的仙岛，名叫蓬莱、方丈和瀛洲，长满了长生不老的"仙草"，他愿意率领童男、童女入海去寻找这种仙药，采回来献给皇帝，以表忠心。秦始皇听了非常高兴，于是派三千童男、童女，乘85只大船出海，后来便到了扶桑国（即今日本国）。他们从此再没有回来，并彼此通婚，繁衍后代，成了今天日本人的祖先。但是这只是一个传说。徐福一行果真到了日本吗？徐福其人其事到底如何？他为什么出海东渡？这一切很久以来就是学术界众说纷纭、争论不休的问题，至今未有定论。

目前在研究徐福其人其事以及他是否到过日本的问题上，主要存在着以下几种观点：（1）肯定论。他们认为历史上确有徐福其人，他率领的一部分中国人确实东渡到了日本。（2）否定论。他们认为有关徐福的事迹全系虚构，徐福只是一位传说中的人物。（3）存疑论。他们认为在新史料、新遗物发现之前，只能存疑，不能简单确定有无。（4）牵强论。他们认为徐福就是日本的"神武天皇"。（5）未到日本论。他们认为历史上徐福其人、其事确实存在，不容怀疑，但对于他浮海东渡到日本，却持否定态度。（6）移民代表论。他们认为不管徐福是否到过日本，至少可以证明徐福是中国移民的代表，也是中日古代文化交流史中一位象征性的人物，其意义重要而深远。

关于徐福东渡的传说，不仅在中日两国的文献中均有记述，而且在两国的许多地方至今还保存着有关他的"遗迹"。例如，在中国山东黄县（今龙口市）有"徐乡"，琅玡（今胶南市）、诸城、即墨一带有"徐福岛"、徐福旧庙、"秦山岛"等，在江苏连云港市赣榆县有"徐阜（福）村"等。日本九州佐贺市的"金立神社"，相传就是为了奉祀徐福而修建的，当地人称他为"金立先生"。传说当年徐福一行就是从佐贺伊万里港登陆的，并在附近的金立山住过一段时间。当地至今还流传着徐福登上金立山、遥望西方、怀念大陆故乡，以及后来他与当地酋长名叫阿辰的女儿恋爱的故事。佐贺地方的居民每隔50年就要举行一次"徐福大祭"，届时人们头扎彩带，手提灯笼，有的还穿着印有汉字"徐福"的和服，载歌载舞，热闹非凡。这种活动有时也和"求雨"结合在一起举行。在日本的传说中,徐福又从九州继续北上,经过博多湾、濑户内海,到达纪伊半岛的和歌山和近畿地区,故这一带至今还有不少与他有关的遗迹和传说。例如,据说三重县熊野市附近的矢贺海岸(亦称熊野浦)就是徐福一行登上本州的地点,其地也有徐福坟、徐福丘和徐福宫等。又在和歌山县新宫市徐福町有徐福祠、徐福墓(墓碑上刻着"秦徐福之墓"几个大字)以及徐福7个主要随从的坟墓。新宫市附近的一座山被称为"蓬莱山",据说徐福等人就在此山采集过长生不老仙药,至今每年9月1日当地居民还要举行盛大的"徐福祭"。此外,静冈县富士山地区还流传着这样的传说,说是徐福一行在富士山(日本人也称此山为"蓬莱山")上果真采集到了长生不老之药,可是此时秦始皇已经命丧黄泉,于是他便留在了该地,教当地居民农耕、养蚕、医学、纺织、冶金、捕鱼等(富士山附近的山梨县浅见神社还把徐福奉为纺织神),传播了中国的文化和先进的生产技术,最后终老在这里。据说他死后化作一只仙鹤,经常在富士山麓盘旋,表达他对日本的眷恋之情。所以在富士山周围也有几座徐福祠。据不完全统计,现在散布在日本各地有关徐福的遗迹总共有56处之多。

当然,传说不一定等于历史,但它至少反映了一定的历史事实,也反映了日本人民对徐福以及早期中国移民们的怀恋与纪念。总之,不管徐福到没到过日本,他都是早期中国移民的象征和代表,反映了在公元前二三世纪左右,确有大批中国移民(日本历史中

13

称其为"渡来民"），为逃避战乱和秦始皇的暴政而远走异乡，通过朝鲜半岛渡海来到日本列岛定居繁衍，并传播了先进的中国文化和生产工具、技术等，从而使日本绳纹文化时代的落后生产力发生了飞跃和突变，进入了弥生文化时代。这一点在中日文化交流中具有极其重要的历史意义。

那么有关徐福东渡日本的历史真实到底如何呢？我们不妨根据中国典籍进行一番探讨。笔者认为徐福在历史上确有其人。徐福，字君房，齐国琅玡人，秦代方士，大约生于齐王建十年（公元前255年）。据徐氏后人徐定安所著《徐氏历代名人录》记载，其族先祖为伯益之子若木，因被封在徐地，故以徐为姓。若木第32代孙名诞，在周穆王时因功被封为徐偃王。他的第29代孙名议，又名"市"，字彦福，这便是徐福。有关徐福东渡的事迹，最早见于司马迁所著的《史记》，据其中所记，秦始皇二十八年（公元前219年），始皇东巡到了齐国琅玡，齐人徐福上书，说海中有"三神山"，有神仙居住，他要求带数千童男童女入海求长生不老之药。秦始皇三十七年（公元前210年），徐福等入海数年没有得到"神药"。他害怕受到始皇惩处，故撒谎说：蓬莱山确实有长生不老之药，但此处有"大鲛鱼"干扰，不易靠近，请求始皇派善射的射手一同前往，如遇到大鲛鱼好把其射死……于是始皇又给他派了射手和工匠，并送给他许多五谷种子。这次徐福入海到了一处"平原广泽"之地，自立为王，就再也没回来了。这里司马迁并没有明确指出徐福一行到了日本。其后在魏晋时陈寿所著《三国志》一书中也提到徐福东渡一事。书中说徐福到了东海"亶州"。这里所说的亶州到底是什么地方，现在还不能确定下来，是否是日本更不可考。到了唐代，著名诗人李白、白居易等人在诗中也曾提到徐福东渡之事，遗憾的是他们也没有指出徐福确实到了什么地方。在中国史籍中最早明确指出徐福到了日本的，是五代时后周开元寺义楚和尚所著的《六帖》一书"国城州市部"中提到的徐福率五百童男、五百童女渡海东去日本。书中说该国有山名叫"富士山"，又叫"蓬莱山"，并说在日本有秦氏一族，皆为徐福的后代。唐宋以后，至元明清各代，记载徐福到达日本的书籍日渐增多，并均明确指出徐福一行到了日本。例如，宋代著名文学家欧阳修在《日本刀歌》一诗中就有描述：

> 昆夷道远不复通，传世切玉谁能穷。
> 宝刀近出日本国，越贾得之沧海东。
> 传闻其国居大岛，土壤沃饶风俗好。
> 其先徐福诈秦民，采药淹留兆童老。
> 百工五种与之居，至今器玩皆精巧。
> 前朝贡献屡往来，士人往往工词藻。
> 徐福行时书未焚，逸书百篇今尚存。
> 令严不许传中国，举世无人识古文。

从此诗可以看出徐福确实到了日本，并且还带去了百工、五谷等。最令人注目的，是说徐福临行时还带去大批的中国文献典籍，其中有不少书在秦始皇"焚书坑儒"时已被烧光了，因此有些"逸书"只有在日本还保存着，所以弥足珍贵。

明朝洪武元年（1368年），日本有一位名叫绝海中津的和尚渡海来华，明太祖朱元璋在南京接见了他，两人赋诗唱和，在诗中他们都谈到了徐福东渡之事，现抄录如下：

绝海中津的《应制赋三山》一诗为：

熊野峰前徐福祠，满山药草雨余肥。
只今海上波涛稳，万里如风须早归。

朱元璋的《御制赐和一首》诗为：

熊野峰高血食祠，松根琥珀亦应肥。
昔年徐福求仙药，直到如今竟不归。

在清人的著述中也不乏有关徐福事迹的记载，如曾任驻日使馆参赞黄遵宪所著《日本杂事诗》中就曾有一首诗谈及此事，原文如下：

避秦男女渡三千，海外蓬瀛别有天。
镜玺永传笠缝殿，倘疑世系出神仙。

近年来有关徐福事迹的研究，随着中日友好的呼声日高而更加广泛、深入地展开。有关徐福研究的著述、小说和戏剧不断问世，各种研究会相继成立，标志着徐福研究进入了一个新阶段。

汉朝与日本交往的物证
——"金印"

从现存文献来看，中国和日本交往最直接、最明确的记载是从汉代开始的。在《汉书》卷二十八《地理志》中写道：在乐浪海（即朝鲜半岛附近的海洋）中有"倭人"居住，当时分为百余个小国，经常派使节到中国来朝贡的就有30余国，它们都得到了中国的回赐。这说明在汉朝时，中日两国的交往已从民间的交流，进入了有目的的政治、经济和文化的交流。这一点也可从日本九州和本州西部到近畿一带出土的大量汉代的铜镜、璧玉和钱币等文物得到证明。汉代两国的交往比前代更加密切和频繁了，特别是在东汉时期，中日互派使节的次数比以往更加多了。例如，在范晔所著的《后汉书》卷八十五《东夷列传》中记载说：光武帝（刘秀）建武中元二年（公元57年），倭奴国派使臣带着贡品到中国洛阳来朝贺。使臣自称是"大夫"。此人是倭国中最南部的一个国家的使臣，光武帝接见了他，并赐该国印绶。到了东汉安帝永初元年（107年），倭国王帅生以160多个奴隶为贡品来中国朝贡。

如前所述，大约在公元前后，日本由于受到中国和朝鲜等国先进文化的影响，已由新石器时代进入了金石并用的时代。在日本列岛的中西部地区，原始社会已经崩溃，进入了奴隶社会，产生了部族国家。其中一些国家与中国、朝鲜的交往甚为密切，不时派使节带着贡品到中国朝贡。这些史实绝非凭空杜撰，而是有大量出土文物为证。其中最著名的是18世纪中叶在日本发现的汉光武帝赐给倭奴国的金印。关于"金印"的出土，还有一段生动有趣的故事：

在1784年（日本光格天皇天明四年，清乾隆四十九年）农历二月二十三日清晨，日本九州北部筑前国糟屋郡志贺岛（今福冈县东区志贺岛），有一位名叫甚兵卫的农民（一说是他的佃户秀治、善平）正在靠海边的叶崎地方的水田里挖水渠，突然发现一个石室。石室上面覆盖着一块大石头，下以小石为柱，中间放着一块闪闪发光的东西。他很惊讶，不知这到底是什么东西，便将其带回家中。后来他找来开米店的朋友辨认，得知这是一颗用纯金铸成的印鉴。于是他马上将其送给郡守，后又转到黑田藩主处，经黑田藩的儒臣龟井南冥（时任该藩学问所——甘堂馆的馆长）鉴定，上面刻着的5个文字为"汉委奴国王"，从而断定这就是《后汉书》所记的"光武赐以印绶"（注："绶"是系在印上的带子，推测此绶应为紫色的）中的印。龟井还强调了这颗印具有重要的文化价值。时隔1700多年后发现的金印，引起了日本举国上下的关注，一时竟成了热门话题。黑田藩主给了甚兵卫6块白银，便将金印归为己有了。此印一直为黑田家的珍藏品，1931年（昭和六年）它被定为"国宝"，收藏在东京博物馆内。1979年秋，又赠送给福冈市，现保存在福冈市立美术馆内。在发现金印的地方树立着1922年建造的纪念碑，上刻"金印发掘之地"几个大字。1975年此地又辟为"金印公园"。公园内还有同年树立的郭沫若为纪念中日恢复邦交3周年而题诗的刻石。

这颗金印上部为蜷曲蛇形纽，并在印口刻有鱼子纹。印面阴文篆字，2.34厘米见方（约为东汉铜尺的一寸见方）。印厚约0.91厘米，蛇纽高1.21厘米，下设横通小孔，用以挂绶之用。该印净重108.729克。金的质量很高，几乎是百分之百的纯金。汉代赐给诸侯、王的金印"大不逾寸"，并用印纽不同来表示主守上下，如列侯印纽为龟，将军印纽为虎，蛮夷印纽为蛇，此印与汉制相符。此印与中国云南晋宁石寨山汉墓出土的"滇王之印"以及在江苏扬州邗江营泉镇北2号汉墓出土的"广陵玉玺"龟纽金印十分相似。经中日两国考古学家、历史学家多方考证、研讨，证明这颗金印就是史书上所说的光武帝赐给倭奴国的金印。此印不仅是中日两国人民在秦汉时代友好交往的标志，同时也是两国在1900多年前进行文化交流的历史见证。此外，从日本出土汉代金印的事实，也证明了《后汉书》的记载是真实可信的。

汉倭奴国王金印的发现，说明早在公元前后，日本已和大陆边陲一样，同中国的中央政府建立了册封的朝贡关系。

3 汉朝与倭奴国的往来

汉朝的社会生产力和生产技术都要比倭奴国高得多，因此当时汉朝的先进文明在政治、经济和文化等各个方面均对倭奴国产生着巨大影响。倭奴国地处日本列岛的西端，地理条件优越，故接受汉朝先进的文明最早、最快、最多。它最早使用金属工具进行农耕，最早种植水稻，最早出现了以地缘结合为主的部族集团和奴隶制国家。倭奴国也是日本列岛上最早通过在朝鲜半岛上的汉代四郡（即玄菟、乐浪、真番、临屯）与汉帝国进行交往，并称臣纳贡，建立宗主、册封关系的国家，因此它得到了汉帝国最高统治者政治上的支持和物质上的赏赐。当时赏赐品主要包括铜镜、铜矛、铜剑、玉器和铁器等物。倭奴国不但用这些金属武器武装自己，用金属工具从事生产劳动，还掌握了冶炼和制作青铜器皿的技术。但是当时倭奴国的生产力比汉帝国还是低下的，以致他们向汉帝国奉贡朝贺时拿不出什么珍贵的礼物，只好用奴隶来充当了。前面提到的倭国王帅生一次向汉帝国贡献160多个奴隶，就是最明显的一例。

公元 2 世纪中叶以后，日本列岛上的许多小国发生内乱，互相征战、掠夺，彼此火并。此时倭奴国可能被别国打败，丧失了控制别国的能力，逐渐衰落下去了。到了 3 世纪前期，在倭人国家中，卑弥呼出现,并被共立为由一些小国联合组成的"邪马台"国女王,一个新的更加强大的奴隶制王国出现在历史舞台上。当时邪马台国统辖着对马国、壹岐国、末卢国、伊都国、奴国、不弥国、投马国等30余国。

三 魏晋南北朝与日本的文化交流

1 魏晋与邪马台国的往来及其影响

东汉末年，统治阶级横征暴敛，加上天灾接踵而至，广大劳动人民生活非常困苦，纷纷举起义旗，进行反抗。由于东汉中央政权削弱，雄踞地方的豪强大族、带兵的武将形成地方割据势力，混战不已。后来东汉刘氏政权逐渐落到了曹操手里，到了220年，曹操之子曹丕正式灭汉，自立为帝，国号为魏。它占据了中国北方的广大领土，并在238年击灭了控制辽东和朝鲜半岛带方郡一带的军阀政权，为邪马台国与魏国的往来扫平了道路。与魏国同时并立的独立政权，还有江南以孙权为首的吴国和四川、陕西南部以刘备为首的蜀国，这就是历史上的三国鼎立时代。

前面已经提到，公元3世纪初，在日本列岛的西部，经过长期征战已经出现了统辖30余个小国的女王国——邪马台国。这个女王名字叫卑弥呼。邪马台国内部已经有了阶级分化，国民分为大人（贵族阶级）、下户（一般平民）和生口（奴隶）等。当时它已具备国家的雏形，有军队、刑律、官吏制度等，在各小国设官而治。邪马台国与它南边的狗奴国（男性为王）相互对立、攻战。邪马台国为了改变落后、贫弱的局面，称雄日本列岛，积极展开了与魏国的外交活动；而曹魏统治者为了巩固北方边境的安定，防止孙吴从海路北上，与倭人联合攻打自己，也愿意与邪马台国多多联系。从239年至247年的短短8年间，邪马台国4次派使臣到魏国通好、朝贡；而曹魏也3次派使臣回访，几乎每年都有一次国使往来，其来往之频繁在古代各国关系史上也是罕见的。关于这一点，陈寿在《三国志·魏志·倭人传》中有记载。如239年农历六月，卑弥呼女王派遣大夫难升米为正使、都市牛利为次使，到了带方郡，太守刘夏派人将其护送到曹魏首都——洛阳。他们献上了男奴隶4人、女奴隶6人，班布2匹2丈等物，受到魏国君主表彰，认为他们对自己忠诚、恭顺，为此特封卑弥呼女王为"亲魏倭王"，并授她金印紫绶；授正使难升米为率善中郎将、都市牛利为率善校尉，授其银印青绶。同时还回赐绛地交龙锦5匹、绛地绉粟罽10张、蒨绛50匹、绀青50匹等物。此外还特意赐予绀地句文锦3匹、细班华罽5张、白绢50匹、金8两、五尺刀2口、铜镜百面以及珍珠、铅丹各50斤，以表示中央政府对他们的爱护和怜悯。次年（240年）魏太守弓遵派遣建忠校尉梯儁等人，带着魏国的诏书、印绶出使倭国（邪马台），拜见了女王，向她颁诏并赐金、帛、锦罽、刀和铜镜等物。女王为此上表答谢，感激万分。243年，女王又派遣大夫伊声耆等8人，带着奴隶、倭锦、绛青缣、绵衣、帛布、丹木、狖、短弓矢等贡品来曹魏进贡。245年，曹魏又赐赠难升米黄幢等物。到了247年，女王卑弥呼遣使臣载斯、乌越等人到带方郡，请求太守王欣派人支持邪马台国攻打狗奴国男王卑弥弓呼。王欣派遣塞曹掾史张政等人携带诏书、黄幢到了邪马台国，并会见了难升米。但不幸此时卑弥呼女王已死，该国新立一男子为王，国人不服，相互攻击、残杀，总计约死伤千人以上，无奈复立卑弥呼的宗女壹与为王，年方13岁，于是国内动乱才慢慢平息下来。张政向壹与女王颁布了曹魏的诏书。不久壹与又派遣率善中郎将掖邪狗等20人护送张政一行回国，并带着该国献上的奴隶30人、白珠5000、孔青大句珠2枚和异文杂锦20匹。此后的曹魏与邪马台国的通使交往，虽然在《三国志·魏志·倭人传》中没有记载，但我们从房玄龄所撰的《晋书》上还可找到。如238年，在晋高祖司马懿平定了辽东、朝鲜半岛的公孙渊后，"贡聘不绝，及文帝做相，又数至"。这就是说除难升米到带方郡、请求遣使到洛阳朝见皇帝外，邪马台国还有好多次来朝贡的事。

晋文帝（司马昭）于甘露三年（258年）担任丞相，魏国一切大权已操在他的手中。260年，他杀掉高贵乡公曹髦，另立元帝曹奂。过了4年，到264年，他又废掉元帝，灭掉曹魏，自立为王，称晋王。

次年他死去，子司马炎继位，正式称帝，是为晋武帝。由此可以推知司马昭只做6年丞相，但在这短短几年中，邪马台国就数次派使臣访问带方郡或大陆内地。

在曹魏时期，中国文化对日本列岛各小国的影响很大。例如，在政治方面，可以说促进了日本国家的形成和发展，并直接影响其国家机构的设置。该国有各级官吏，女王为全国之首，身居宫殿楼阁之中，周围有众多奴婢服侍，宫外有士兵守卫，死后修建了一座规模宏大、直径"百余步"的大墓。这一切可以说全是受到中国文化影响的结果。

当时日本还没有文字，人们口口相传，存而不忘，或靠"刻木结绳"计数、记事。中国文字、语言也随着从大陆赴日的"渡来人"传到了邪马台国，推测邪马台国一定有一些懂得汉字和汉语的人，他们可以为女王起草表文、翻译诏书等。

在经济方面，曹魏统治者赐给卑弥呼女王等人大量丝织品、毛织品、黄金、铜镜、珍珠和铅丹等各种高档奢侈品和消费品。这些必然会对该国人产生影响，促使他们学习新工艺、新技术，或纷纷仿制，从而提高了他们的生产力，也成为促进文化发展的动力。特别是那些来过大陆的使臣们，他们亲眼看到比自己进步得多的中华帝国的统一、强大，以及城市、乡村的各种情况，也促使他们学习中国，加快自己的统一步伐。事实上，日本列岛的社会发展，也正是按着这种模式发展的。

晋朝时也曾有日本使者来华朝贡,但次数没有曹魏时期多。如266年和413年,倭国使臣都曾来中国"献方物"。

中国南朝与大和朝廷间的往来

公元4世纪初,西晋由于统治阶级内部矛盾激化,发生分裂。北方各少数民族趁机进入中原,互相割据、征战不止。晋室南渡,在长江以南地区继续其统治,都城建在建康(今南京),史称"东晋"。到了5世纪,北方大致由鲜卑族建立的北魏统治着,南方的东晋也已消亡,代之而起的是宋、齐、梁、陈几个短暂的小朝廷,这就是中国历史上的南北朝时期。此时北方的汉人为了逃避战乱,大批逃到江南定居,他们带着先进的文化和生产技术来到江南,使江南得到了进一步开发。

这一时期,日本列岛的形势也发生了很大变化,分裂的日本列岛各国开始走向统一。

自从西汉武帝派兵征服朝鲜,并在那里设置乐浪、玄菟、真番、临屯四郡以来,日本使节多是从九州北部的博多、唐津和松浦一带渡海,至朝鲜半岛南端上陆,通过乐浪(后来是带方)郡引导,经辽东而到中原地区。3世纪后半叶,鲜卑族兴起,占据辽西走廊以至部分华北地区,切断了中国本土与朝鲜半岛上的乐浪、带方地方的联系,削弱了中央对这些地方的控制,因此朝鲜半岛北部的高句丽趁机活跃起来,从286年起不断向南扩张,并于313年左右,先后占领了乐浪郡和带方郡北部地区,这样,日本不仅不能向乐浪或带方两郡派使者通好,同时日本通过朝鲜半岛到达中国中原地区的通道也被切断了。

此时日本列岛上的形势也发生了很大变化,大约在3世纪,地处畿内地区的"天孙民族"兴起,势力逐渐强大,控制了九州北部、本州西部,并且继续向本州东部发展。到了5世纪,又征服了邪马台国、狗奴国以及整个西日本地区,成立了一个统一的国家,即历史上所说的"大和国家"。后来这个国家统一了整个日本列岛,这就是延续至今的"万世一系"的以天皇为首的日本国。这个国家国力比较强大,并且开始向外扩张,大约在4世纪中叶,他们通过对马、壹岐等岛向朝鲜半岛南部扩张,占领了朝鲜半岛南端的一块地方——任那,作为自己的殖民地,并以此为据点,向新罗、百济等地进犯,并窥视高句丽的领土,表明该国国势空前强大。

大和朝廷为了向朝鲜半岛扩张势力,也为了适应本国生产力发展的需要,积极向中国南朝各统治集团靠拢,从421年至479年间,大和朝廷的5代国王赞、珍(又作弥)、济、兴、武(日本史籍上将这一时期称作"大和国五王时代"。一般人们都认为这五王相当于《日本书纪》中所提到的仁德天皇、反正天皇、允恭天皇、安康天皇和雄略天皇),先后向南朝宋、齐派遣使臣至少8次。第1次在永初二年(421年),赞派使臣来朝贡,宋武帝刘裕下诏说:赞不远万里派使臣朝贡,非常恭顺、虔诚，可以多赐他们些礼物。第2次是在元嘉二年（425年），赞又派遣司马曹达"奉表献方物"。第3次是在元嘉七年（430年），赞又一次派使臣来华朝贡。不久赞便死去了，其弟珍代之为王。他于元嘉十五年（438年）第4次遣使贡献，并要求宋文帝按其表文赐封他爵号为"使持节都督倭、百济、新罗、任那、秦韩、慕韩六国诸军事、安东大将军、倭国王"。同时还要求"除正（即要求中国皇帝承认）倭隋（亦作洧）等十三人平面、征虏、冠军、辅国将军号"。但是宋文帝并未完全满足他的要求，只册封他为"安东将军、倭国王"。后珍死，济立，在元嘉二十年（443年）第5次"遣使奉献"。第6次在元嘉二十八年（451年），济再一次遣使至宋朝贡，宋文帝加封济爵号为"使持节都督倭、新罗、任那、加罗、秦韩、慕韩六国诸军事、安东将军"，并"除所上二十三人军、郡"。济得到了珍想得而没得到的封号，说明日本当时国力更加强大了。不久济死，其子兴立为王。大明四年（460年），兴第7次派使臣至宋朝贡，宋孝武帝授予兴"安东将军、倭国王"的封号。兴死后弟武代之为王。武于昇明二年（478年）第8次"遣使献方物"，并上表自称"使持节都督倭、百济、新罗、任那、加罗、秦韩、慕韩七国诸军事、安东大将军、倭王"。宋顺帝削去其自封爵号中的百济，改七国为六国，册封了他。武的表文全是用汉文骈俪文写成的，具有浓厚的中国六朝文风，说明当时日本虽没有自己的文字，但他们任用汉人（"渡来人"、"归化人"），或直接学习汉文，用以表达思想、情感，从一个侧面反映了他们当时深受中国文化的影响。

南朝宋灭亡后，齐继而代之。建元元年（479年），齐高帝继续承认宋对武的封号，又加封他为"镇东大将军"。齐亡后，梁武帝又晋封武为"征东大将军"。

南朝文化对日本的影响

南朝（宋、齐、梁、陈）是当时中国文化最先进的地区，这一时期日本与中国的交往密切，使节往来不断，且有大批中国移民东渡日本，对日本社会和文化发展，起到了巨大的促进作用。这些移民被称为"新汉人"、"归化人"，一般都被编成"部"，成为"部民"。他们多被安置在"住吉津"地方，并将宋使走过的驿道命名为"吴坂"，将安置中国工匠的桧隈野改名为"吴原"。中国移民主要从事农业和手工业生产，其中主要是制造武器的弓削部、矢作部、楯部、鞍作部和石作部（包括石工、木工等）、玉作部、猪饲部（从事养猪）、土师部（制造陶器）、服部、绫部、锦部、麻绩部、衣缝部、赤染部、茜部（主要负责纺织、制衣和染色）等，据说日本现在"秦氏"之姓的人就是他们的后裔。此外，此时日本的造船业也有发展，主要集中在难波津（今大阪府难波），工匠主要是中国人。据日本史书记载，468年，大和王朝派遣身狭村主青和松民使博德等人到南朝宋，请求多派一些专门从事纺织的机织工匠和缝衣工匠赴日。宋统治者满足了他们的要求，派遣使者携织工（包括汉织、吴织）和缝衣匠兄媛和弟媛等百工东渡扶桑（后来兄媛受日本人崇敬，被奉为神社之神）。这说明日本急需中国先进的生产技术，特别是纺织、制衣、兵器、马具、装饰品、冶金、铁木工具和制革的技术，以满足该国人民的需要，推动社会经济的发展。

此时中国文化对日本文化的发展产生了巨大影响，主要表现在中国的汉字和儒家经典传到了日本。据日本史书记载，传说在284年（应神天皇十五年，晋武帝太康五年），朝鲜半岛百济国王派往日本的使者阿歧直向日本贡良马2匹，并谈论儒家经典，后来他成为皇子稚郎子的老师。不久天皇又问他："贵国有比你还强的儒学博士吗？"他便推荐了王仁。此人很可能是从中国大陆移居到朝鲜半岛的移民。次年，百济博士王仁来到日本，也成了皇子稚郎子之师。他来时携带了《论语》十卷，《千字文》一卷（此《千字文》不是后来社会上流传的那种《千字文》，而是另一种《千字文》）。此乃汉字与儒学经典传入日本之始。相传王仁赴日时还带了不少冶炼、酿酒及缝制衣服的工匠。其后在继体天皇在位时（501～531年），又有百济五经博士段杨尔、高丽五经博士高安茂，以及中国南朝梁人司马达赴日。在钦明天皇在位时（539～571年），又有南朝梁五经博士王柳贵、易博士王道良等人赴日。这些人对早期日本儒学的发展、传播作出了贡献。此时中国北魏六朝的书法也开始影响到日本。

日本是中国佛教文化向国外传播的最大受惠国之一。起源于印度的佛教就是通过中国大陆、朝鲜半岛传入日本的。相传6世纪初叶，百济国王派使臣赠送日本一尊释迦佛铜像以及佛经、幡盖等物，标志着佛教正式传入日本。梁武帝普通三年（日本继体天皇十三年，522年），以制鞍为业的司马达赴日，设庵奉佛。后其女司马岛出家为尼姑，号"善信尼"；其子多须奈亦出家为僧，法名"德济"，此为日本僧尼之始。

相传佛教传入日本，曾引起大和朝廷内部当权者间的巨大矛盾，以王室和大贵族苏我氏为代表的崇佛派和以物部氏为代表的排佛派之间发生了激烈的斗争。最后钦明天皇和苏我氏获得胜利，佛教从此逐渐盛行，佛教作为大陆文化杰出的代表，得到日本各界、特别是上层社会的崇信，迅速传播开来。佛教成为沟通中日文化的一条重要途径，两国历代高僧出于信仰的热忱和执著，为弘扬佛法频繁交往，求法传教，使文化交流得以大规模进行，对日本文化的发展起到了不可估量的作用。通过佛教的东传，使中国魏晋南北朝时期的建筑、壁画、雕刻等佛教艺术相继传入日本。关于这些，我们将在本书的相应部分详细阐述。

此外，相传在6世纪左右，中国的"泰山府君"（即泰山之神）信仰，也随道教一起传入日本，成为日本阴阳道之神。从日本平安时代开始，宫廷贵族把它作为息灾延寿之神加以信仰，并举行"泰山府君祭"。

四 隋唐与日本的文化交流

圣德太子与遣隋使

581年,杨坚取代北周静帝宇文阐,自立为帝,史称隋文帝。589年,隋文帝率兵南下灭陈,统一了全国,从而结束了中国自东汉末年以来近4个世纪的地方割据、南北分裂的局面,中国封建社会进入了一个经济、文化高度发展的新时期。日本此时正处于飞鸟时代,在社会发展上相当于奴隶制社会末期,各大贵族集团矛盾激化,彼此倾轧斗争。当时,日本为推古女天皇执政,593年,她任命皇侄圣德太子摄政。

圣德太子(572~622年)为用明天皇的长子,名厩户丰聪耳皇子,谥名圣德太子,又称上宫王和法大王。在推古天皇执政时期,他是实际掌权者。他聪明多思,励精图治,锐意改革。为了提高天皇的权力,建立一个以天皇为核心的强大的中央集权的国家,他费尽了心血。

圣德太子提倡佛教,并以其作为他实现自己政治理想的工具。他不惜花费巨资,建造了四天王寺、法兴寺、法隆寺等佛教寺庙。这些佛寺建筑多是按着中国佛寺法式营造，结构复杂，雄伟壮观。寺内佛像也多是仿中国佛像的造型，例如法隆寺中供奉至今的释迦三尊铜像，就与中国北魏时期的石佛极为相似。据说这些佛像的作者鞍作鸟就是"归化人"的后裔。

为了加速大和国家的封建化进程，圣德太子认为首先应加速学习和移植中国文化。为了向中国求取经典、学习佛法，就应加强与中国联系。此时朝鲜半岛上局势也发生了变化，高句丽的势力衰落，新罗的力量逐渐强大起来。562年，新罗吞并了日本在朝鲜半岛上的殖民地任那。日本虽几次派兵攻打新罗，但均以失败而告终。

圣德太子为了提高自己在国际上的威望，巩固在国内的统治地位，决定加强与隋的联系，恢复从5世纪末以来中断了的中日邦交，并于7世纪初开始向中国派遣使节、留学僧和留学生。从此两国人员扬帆于碧波千顷的大海中，往来不绝，使两国的友好关系进入了一个新阶段。从600年至615年的15年间，日本派往大陆的遣隋使就有4次，隋派遣使臣回访了一次。其中最有名的是日本的小野妹子与隋的裴世清的互访。当时往来于中日间的主要航线是从难波津起航，经濑户内海至九州的博多，经壹岐岛、对马岛，沿朝鲜半岛西海岸向北，再横渡黄海至山东半岛东端的登州（今山东蓬莱）上陆，经莱州、青州、兖州、曹州、汴梁（今河南开封），沿黄河西行，最后到达洛阳和长安（今陕西西安）。

600年时，日本推古天皇派遣使臣来隋通好，隋文帝杨坚亲自召见了他，并向其了解日本的民情风俗。日本使臣回国后，把在隋的所见所闻向推古天皇和圣德太子作了禀报。时隔不久，圣德太子便于604年吸收中国的文化思想与行政制度，制定了新的官爵等级制度——"冠位十二阶"，即用德、仁、礼、信、义、智来表示冠位的大小，并把冠位分成12个等级：大、小德，大、小仁，大、小礼，大、小信，大、小义，大、小智，并用紫、青、赤、黄、白、黑等不同颜色的帽子、官服来区别官位的等级。冠位制标志着封建等级制度在逐渐形成，用以代替过去的贵族的世袭制度。此外，圣德太子还颁布了《宪法十七条》，规定了不同阶层的社会地位，以及他们的权利、义务等，强调"国无二君，民无二王"和儒家的君臣、父子的严格的等级观念，以及"笃信三宝"（即佛、法、僧）等佛教思想，从而加强了中央集权统治，为进一步改革打下了基础。

607年，圣德太子又任命皇室贵族小野妹子为使节、鞍作福利为通事（即翻译），率领几十名僧侣，带着国书访隋。关于这件事，在中日两国的史书中均有记载。据说小野妹子是孝昭天皇的后裔，由于世居近江滋贺郡小野村，故得到小野这一氏名。他当时的官阶为"大礼"即正六位。日本的国书是由圣德太子起草的。他在国书中说："日出处天子致书日没处天子，无恙。"当中国外事官员把这件国书呈送给隋炀帝御览时，炀帝很生气，因为这触犯了他好大喜功的自尊心。他愤愤地说："这个蛮夷的国书太傲慢了，极其无礼，以后再不要答理他们了。"因为中国皇帝一向认为自己的国家是世界上最强大的国家，周边各国均为自己的藩属。长期以来，这些国家与中国交往时均称臣纳贡，而把中国皇帝称为"帝"，卑尊有序。过去日本也是这样做的，现在竟自称"天子"，与自己平起平坐，故隋炀帝心理很不平衡。此外，在国书中日本天皇居然称自己是"日出处天子"，而把隋炀帝称作"日没处天子"，这不但是不吉祥的话语，而且是日本国有意贬低"大隋"政权，这也是隋炀帝不能容忍的。但是因为此时正是隋炀帝宣扬国威之际，他运用"远交近攻"政策，力争使更多的周边国家臣服自己。他曾先后派使节出使印度的王舍城、波斯、琉球等国，并且在积极准备东征高句丽。因此时炀帝急需日本向自己靠拢，故强压怒火，吞下了这个使自己不快的提法，决定与日本通好。608年，炀帝任命裴世清为正使，率团随小野妹子一起回访日本。裴世清是山西闻喜（今山西闻喜）人，生卒年代不详。他主要活动在隋唐二代，隋时官为文林郎（闲官，掌撰录文史等事，隋置，唐制从九品）、鸿胪寺掌客等；在唐时曾任郎中和九州刺史等官。裴世清官位虽不算高，但裴氏在历史上却是望族世家。据说裴氏与秦同祖，兴起于汉朝，兴旺在魏晋南北朝，鼎盛于隋唐。南北朝时，裴氏分为三支，即西眷裴、中眷裴和东眷裴。裴世清的先人裴潜、裴绾居闻喜，称中眷裴氏。在晋朝，闻喜裴氏与琅玡王氏齐名，同为望族。我国著名地图学家裴秀，史学家裴松之、裴骃等人就出身于此族。裴世清的六世祖名叫裴天明，在晋末时曾任太尉，刘宋时曾任咨议参军、并州别驾等官。其后代曾先后做过后魏的大将军、太守等官。与此同时，在西眷裴氏和东眷裴氏中，也出现了不少高官显贵和名声显赫之人。

裴世清从小受过良好的教育，知识渊博，颇具文才。他出使日本时，官为鸿胪寺掌客，正九品，主要负责外交事务。裴世清与小野妹子一行，于608年农历四月从山东半岛东端乘船起程，渡过黄海，经百济南下，过济州岛北面海峡，再经对马、壹岐诸岛至九州北部的筑紫。在此受到了日本政府派来的特使吉士雄成等人的热烈欢迎。接着裴世清一行又乘船东航，经濑户内海，于六月十五日到达难波津。难波人几乎倾城而出，家家悬灯结彩，街巷干干净净。在难波港，30艘彩船一字排开，人们像过节一样，欢天喜地地欢迎来自中国大陆的贵宾。当裴世清一行登岸时，整个港口沸腾起来了，管乐齐鸣，鼓角震天，欢声响彻天空，一片喜庆景象。裴世清等人在数百侍从的簇拥下，缓缓步入特意为他们建造的宾馆中。此间小野妹子先行回到京城述职，安排隋使入都事宜。但由于丢失了隋炀帝致日本的国书等种种原因，耽误了一个多月，到八月三日，才算安排妥当，迎接隋朝使臣进入京城。为此日本政府专门把75匹大马牵到海石榴寺（今奈良县樱井市）街上列队欢迎，场面极其热烈、壮观。八月十二日，日本国从皇子到各级官员都穿着节日盛装，齐集皇宫，参加欢迎盛会。推古天皇在大殿上亲自接见裴世清一行。裴世清把炀帝送给日本的礼物放在大庭中央，然后参拜了天皇，并宣读了隋的国书，接着推古天皇致了答词，表示非常钦佩隋为礼仪之邦，愿意遣使朝贡。然后举行了盛大的宴会，款待隋使，气氛十分友好。

是年九月十一日，裴世清起程返国。日本国又派小野妹子为正使、吉士雄成为副使、鞍作福利为通事，组成第3次遣隋使团，带着由圣德太子起草的国书访隋。随同使团来华的还有高向玄理、南渊清安和僧旻等8名留学生和学问僧。

小野妹子大约在609年正月时觐见了隋炀帝，并呈上国书和贡品。这次国书上，日本方面改用"东天皇敬白西皇帝"字样（这是日本历史上，首次正式提出"天皇"一词）。看来没有惹起什么麻烦，而日本又坚持了"对等外交"的原则。是年九月，小野妹子等圆满完成了使命，回到了日本。这次通事鞍作福利留在了中国，没有回归。小野妹子由于两次使隋之功，受到天皇的嘉奖，加官晋爵。此后日本在614年夏天，又派遣以犬上御田锹和矢田部造为首的第4次遣隋使访华，在中国逗留了一年多，次年九月才返回日本。此时隋王朝已因几次东征高句丽失败，举国骚动。隋炀帝横征暴敛，民不聊生，纷纷起义。不久后的618年，隋炀帝在扬州被禁军将领宇文化及等人杀掉，隋王朝也跟着覆灭了。

隋文化对日本的影响

隋王朝在中国历史上是一个短暂的朝代，杨坚、杨广父子加在一起不过38年，但它在中国封建社会史上却承上启下，不可或缺。它使中国从长期分裂中重新走向统一，并为以后唐朝的强大和繁荣打下了基础。隋朝所创立的一系列政治、经济和文化制度多为唐朝所继承，并在此基础上发扬光大。也正是在隋朝，通过小野妹子和裴世清率团互访，才使中日双方中央政权建立起正式国交，从而使中日关系比前代有了突破性的发展，开始了中日关系史上的新纪元。从此日本加速和扩大了从中国引进、移植先进的文化，并加以改造，发扬光大，推动了日本社会的进步。具体表现在推动和促进了日本的改革运动，特别是为后来的"大化改新"奠定了基础。中日文化交流促进了日本飞鸟文化的兴起和发展。隋代的中日交往，对中国也发生了一定影响，表现在隋人更进一步了解了日本列岛倭人之情况，知道他们质朴、恬静、文雅、平和、少争讼、少战事、少盗贼等一些情况。同时日本进贡给中国的方物，一定程度上也丰富了中国的物质文化。

圣德太子几次派遣隋使访华，目的除了引进复兴后的中国佛教外，还为了学习隋的文物制度、思想文化、文学艺术和科学技术等，也为了吸取中央集权制国家改革的经验。日本向大陆派遣了不少留学生和学问僧。这些留学生、学问僧多是从朝鲜半岛和大陆迁移到日本列岛的中国人或他们的后裔，即所谓"归化人"、"渡来人"或"新汉人"，因为他们具有特殊条件，擅长理解中国的事情，通晓汉语，更容易在中国吸取汉文化。这些人在中国逗留的时间很长，短者15

年，长者25年，最长者近32年。他们回国时带回了大量中国文献典籍（如儒家经典、老庄和诸子百家的其他书籍等），并学习了许多中国文化和科技知识，如土木工程、建筑技术，表现为日本此时建筑了不少结构复杂、规模宏大而壮丽的寺院。直接参加建筑这些寺庙的工人本身就有不少中国匠人或朝鲜匠人。这些寺院的建筑布局、结构、形式和风格，均为模仿中国南北朝建筑。如奈良法隆寺的西堂、东堂和金堂等建筑飞檐凌空，肘木交错，雕梁画栋，雄伟壮丽。寺院中的佛像风格以及雕刻和铸造技术也是仿中国式的。此时中国的天文历法（如中国南朝的《元嘉历》）传到了日本，并在日本沿用。占星术、阴阳五行说以及地理知识，也大量传到了日本列岛；日本文献中也出现了日食、月食和彗星的记载，这些知识也是从中国传入的。此时许多中国医书，如张仲景的《伤寒杂病论》、《金匮要略方论》，葛洪收集的华佗、戴霸等人的医方汇编《金匮缘囊》，以及中国的针灸技术等都是由学问僧或留学生带回日本的。

日本最早的史书《古事记》和《日本书纪》所记述的神话传说也受到了中国阴阳五行思想的影响，两书开头的"开天辟地"以及"国土生成"的内容尤为明显。中国的阴阳五行学说也给日本神话中的皇室主神——天照大神罩上了太一神的光环。

传说在推古天皇十四年（606年）首次举行了"佛诞节"（即每年农历四月初八纪念释迦牟尼诞辰，举行诵经法会、祭祖、施舍僧侣等活动）。

从 6 世纪开始，中国的舞乐和散乐东传日本，给日本的艺能以巨大影响。古代日本称中国南方的乐舞为"伎乐"，又称"吴乐"。据日本典籍记载，钦明天皇二十三年（562 年），南朝吴人照智聪赴日时，就随身携带有乐器和"伎乐调度"一具，推测这可能是表演乐舞时戴的假面具。伎乐是在圣德太子摄政时期，作为佛教文化的一部分而被日本接受、吸收的。表演伎乐的舞蹈在推古天皇二十年（612 年）由百济人味摩之传入日本。味摩之曾到中国江南学习伎乐，后来到了日本，遂把伎乐传给了日本少年。伎乐表演的内容具有浓厚的佛教色彩。圣德太子曾经把伎乐定为佛教祭仪，在举行佛教仪式时，演员头戴假面具，和着钲、笛和腰鼓三种乐器的节奏，跳起哑舞。

中国绘画技术也在这时传入日本。许多中国画工这时移居到日本。610 年，僧人昙徵还将调色技术及绘画材料传到日本。

中国开采铜、铁矿的技术也传到了日本，使日本的冶炼水平有所提高，这一史实在《大宝律令》中有所反映。

日本的庭园建筑也深受中国影响。日本庭园建筑始于飞鸟时期。推古天皇二十年由百济赴日的名叫路子工的人自称能造假山，推古天皇叫他在南庭修筑了佛教须弥山缩景和吴桥。中国的造园技术是随佛教文化一起传入日本的。日本人苏我马子曾在飞鸟川畔的住处挖掘池塘，池中筑岛，建造庭院。

这一时期日本文化也多少传入了中国。《隋书·音乐志》记载，隋文帝时，日本的乐舞曾被列入隋王朝的宫廷音乐之一。

8 唐代——中日友好交往的高潮期

唐朝（618~907年）在中国历史上是一个辉煌的朝代，当时不仅在东方，在世界上也是最强大国家之一。盛唐之时，疆域辽阔，北至贝加尔湖和叶尼塞河上游流域地区，西北至黑海，南至南海，东北抵日本海，可谓幅员广大，人口众多。唐的都城长安（今陕西西安）和东都洛阳，以及扬州、泉州和广州，当时都是国际性的大城市。特别是首都长安，乃是当时亚洲以至世界的经济、文化中心。

唐朝政治、军事、经济和文化各方面都高度发展，社会安定，声威远播，并影响了其他国家。当时世界上许多国家和民族纷纷派遣使节前来通好，无数商人沿着"丝绸之路"，前来贸易通商，使唐王朝对外交往出现了全盛时期。

唐朝也是中日关系史上的重要时期。在长期的友好交往中，两国进一步增强了政治、经济和文化方面的交流。如果把隋朝之时中日两国的友好交往看作是一出戏剧的"序幕"，那么唐朝中日之间的友好往来则是该剧的一个高潮。7世纪时，日本奴隶主贵族和部民制度已成为社会生产力发展的绊脚石，阶级矛盾日益激化。在统治阶级内部也存在着严重的对立，互相争斗。以圣德太子为首的皇室势力削弱，成为徒有虚名的空架子，而一切实权都操纵在另一奴隶主贵族苏我氏手中。在这种情况下，不少代表新兴封建势力的人，要求废除部民制，在政治和经济方面进行大刀阔斧的改革。以中大兄皇子（626～671年）和中臣镰足为首的革新派势力，在645年发动了一次宫廷政变，推翻了当权的大奴隶主贵族苏我氏，夺取了政权。不久他们决定迁都难波，并仿效中国制度，制定年号，把这一年（645年）定为大化元年。紧接着他们对日本的政治、经济和文化诸方面进行了一系列的变革，史称"大化改新"。

　　大化改新并不是偶然的，它有着极为深刻的社会原因，同时也与日本长期受到中国影响有着很密切的关系。此前派往中国的留学生和学问僧，如高向玄理、舒明、南渊清安、惠齐、惠日和僧旻等人，不但把他们所见所闻的中国在经济、政治和文化诸方面所取得的成就转告了日本当权者，而且他们还带回了中国的文物制度、生产技术以及科学知识等。大化改新的代表人物中大兄皇子和中臣镰足等人经常请教南渊清安，高向玄理和僧旻还担任了国家的最高政治顾问——国博士。

　　大化二年（646年）元旦，孝德天皇颁布诏书，进行改新。这件事标志着日本历史从飞鸟时代步入了奈良时代，同时也标志着日本社会已从奴隶制社会向封建制社会过渡。社会的发展、外交的需要以及当时国际局势变化等多种原因，决定了日本必须要向比自己先进的中国学习。也就是在这种形势下，日本当政者频繁地向中国派遣大批使臣、留学生和学问僧，形成了持续260余年的中日友好交往的高潮期。

1. 十九次遣使赴唐

据中国史籍《旧唐书》和《新唐书》、日本史籍《日本书纪》和《续日本纪》统计，日本派往唐朝的使节约有19次。即从舒明天皇二年（630年，唐太宗贞观四年）八月第1次派遣唐使始，至宇多天皇宽平七年（895年，唐昭宗乾宁二年）止，历经26代天皇，自飞鸟时代，经奈良时代，至平安时代。应当指出的是，在这19次遣唐使中，有3次（第13、第14和第19次）只是任命了遣唐使节，但并未真正成行。此外还有第6次遣唐使虽从日本出发，但只走到百济就停止了，并未到达中国。第12次出使的目的是为迎接前次遣唐未归的遣唐使团而派出的。此外还有2次（第5、第16次）是专为护送唐朝访日使节而派遣的。所以，实际上正式的遣唐使只有12次。

按派遣唐使的目的、规模和航线来看，前后大致可分为3个时期：初期是从630年至669年，日本共派出7次遣唐使，主要目的是学习唐的文物制度，另外为了与新罗争夺在朝鲜半岛的权力和地位，避免唐王朝派兵帮助新罗袭击日本。初期遣唐使团的特点是规模小，船只少，往往只有2条船，成员多在240～250人之间，每船乘坐120人左右。此时一般多走"北路"航线，即从难波的三津浦（今大阪市南区三津寺町）起程，沿濑户内海向西航行，至九州北部筑紫的大津浦（今福冈市博多），然后经壹岐岛、对马岛，从济州旁边驶过，折而向北，沿朝鲜半岛西岸北行，至汉江口再折向西航，横渡黄海入渤海湾，到山东半岛东端登州上岸。中期是从公元702年至752年，是遣唐使的高潮时期。此期共派遣4次遣唐使。这时正是盛唐时期，日本正处在大化改新之后的天平时期，新的律令一个接一个出台、实施。整个日本上上下下都渴望学习盛唐的先进文明。中期遣唐使团的特点是规模较大，平均每十二三年派遣一次，每次有500~600人，分乘4条船，故称"四舶"。日本天皇对遣唐使很重视，每当遣唐使出发之前均要设宴、赋诗送行。此时的航线也与初期不同，走的是"南岛线"，一般是先到九州筑紫，等待顺风之时乘船从此出发，然后经肥前国的松浦、天草岛、萨摩（今鹿儿岛）、多襟（今种子岛）、夜久岛（今屋久岛）和奄美大岛，折向西横渡东海，到长江口，再沿江而上至扬州登岸。有时也从长江口往南至明州（今宁波）登陆。这一时期派往中国的留学生和学问僧特别多，其中最著名者有阿倍仲麻吕和吉备真备等人。后期从759年至895年，是遣唐使的衰落时期。在这一时期，总共任命了8次遣唐使，但实际成行的只有6次。此时期遣唐使的特点是规模渐小，间隔拉长，大约25年才派遣一次，留学生和学问僧在华逗留、学习的时间也较短，多为一两年时间。因为中期的"南岛线"经常发生海难，造成船毁人亡。这一时期所走的航线，改为"大洋线"（又叫"南路"）。此时遣唐使多从博多湾的大津浦（今福冈市博多）出发，经平户、五岛列岛，转向西驶，横渡东海直达长江口，有时到扬州，有时到明州。这一条航线航距最短，如果顺风的话，不超过10天就可到达。日本诗人山上忆良曾随第7次遣唐使团赴唐，担任"少录"。他曾在一首诗中描述了大津浦起航的情景："津浦滨海边，亲人翘首望。赤子赴唐国，何日归大和。""大洋线"与"南岛线"一样不太安全，常常发生航海事故。当时中日间的海上交通，由于造船和航海技术均不够高，因此充满了风险，是比较艰难的旅行。中国高僧鉴真东渡日本曾数次遇险，就是明证。这正如唐朝诗人林宽在《送人归日本》一诗中所说："沧海西畔望，一望一心摧。地即同正朔，天教阻来往。波翻夜作电，鲸吼昼为雷。门外人覆经，列时花儿开。"这一时期总共任命了8次遣唐使，但实际成行的仅有6次，其中的重要原因就是旅途多险，弄不好就船毁人亡，或漂流海上受尽熬煎。此时不少被任命为遣唐使的贵族、高官已失去了赴唐探求新知的热情和积极性，往往想方设法逃避，使赴唐的使命不能成行。

遣唐使团一般有大使（又叫正使，有时大使之上还任命执节使、押节使）1人、副使1人。为了防止海上遇到不测，日本方面偶尔也任命两位大使和副使，分别组成两个遣唐使团，同时起程赴唐。此外，在遣唐使团中还设有判官和录事若干人。使团的主要成员多由了解中国情况、学识渊博、修养较高的贵族或高官、学者担任。其中不少人有来华的经验，有的是从中国移居日本列岛的"归化人"（或"渡来人"）的后裔。这些人一般通晓经史，汉学造诣较深。他们都是经过认真挑选、反复甄别，具有一定风度，举止大方，且容貌端庄的人。他们到唐朝后，往往受到人们好评，唐玄宗在接见遣唐使时，还请画师为他们画像。由此可见，日本使节给他留下了美好的印象。据说他曾深有感慨地对第10次遣唐使藤原清河说："早就听说日本常有贤君，今见使者风度，果然不愧是礼仪之邦啊！"

为了圆满完成航海任务，遣唐使中还配备了各种人员，其中有知乘船事、造舶都匠、文书、医生、通事、画师、乐师、主神、祭阴阳师、射手、船师、舵手、拖师、水手长、水手、船工、玉器匠、铜匠、铸匠、细工匠和杂役等。此外，每批遣唐使团往往还带着几十名留学生和学问僧。

日本把派遣遣唐使当成一件非常隆重的大事。一般在宣布遣唐使人选后，天皇都要为他们授节刀，并在宫中举行盛大的宴会为其饯行，饭菜中有不少是唐式料理。天皇高兴之余，还经常赋诗作歌相赠，祝他们一路顺风，平安往返。日本最早的诗歌集《万叶集》中就辑录了孝谦天皇为藤原清河赐宴饯行所作的和歌，其中写道："维我大和兮，渡海如平地。乘船如座床，大神镇国兮。""四舶紧相衔兮，不日平安而归航。归航而共庆贺兮，举杯同日相饮，丰美之酒浆。"天皇在赐酒物的同时，还告诫遣唐使要遵守唐的法律，严格管理、约束下属人员。每当遣唐使出发前，还要到神社举行献币仪式。

唐王朝对日本遣唐使亦很重视，对于使团的接待工作均有一定的规定。每当遣唐使船登陆，便有人向地方官报告。这时当地州都督府都按规定把使团全体人员安顿在客馆住下，并立即派人通报中央政府。在得到朝廷下达的诏令后，准许遣唐大使、副使、主要随员以及留学生和学问僧去首都长安。剩下的人就地安排，或学习参观，或从事少量交易，等待入京的大使、副使回来。遣唐使一进入长安，便由鸿胪寺（主管礼仪、外交的机关）官员接待，安排在鸿胪寺客馆、礼宾院和宣阳坊官宅等处居住，等待皇帝召见；在指定日子，被请到皇宫，一般在麟德殿谒见唐帝。在觐见过程中，遣唐使要向唐帝呈献"贡品"。仪式举行后，一般唐帝都要赐宴、赐物等。遣唐使一般在华逗留1至2年。在此期间，他们的主要活动就是参观访问，进行考察（主要是寺庙、孔庙、学校等），并聘请中国学者、技师传授儒家经典和各种技艺。此外，在华期间他们也常与中国学者、其他国家使节相互交往，赋诗唱和，也抄写、搜集、购买中国典籍和佛教经典等。在遣唐使回国前夕，唐朝皇帝还要赐给他们大量礼物，作为他们朝贡的答礼，并举行盛大宴会为他们饯别，然后遣唐使一行回到原来登陆地点，有时也有以前来华的留学生、学问僧搭乘他们的船一同回国，此外还有从唐朝聘请的专门人员与他们同行。

遣唐使在华逗留期间，唐朝廷不但为其提供各种方便条件，热情招待，而且他们的一切费用，均由唐朝承担。

遣唐使平安归国后应立即奏报朝廷，回京后还要举行隆重的欢迎仪式，即还节刀仪式。使节还节刀，表示使命已圆满完成。然后天皇便赏赐给他们布匹、丝绸、绢帛等，并给他们晋职升官，以表示对他们的慰问和奖励。对因出使遇难或在出使期间病亡的使节和其他人员，朝廷还要追赐他们官职，并抚恤其家属。

在遣唐使不断来唐的同时，唐王朝也曾多次派遣使节赴日访问，受到了日方隆重而有礼貌的接待。据日本史书记载，每当唐使进入日本京城之际，朝廷往往派将军率领200多名骑兵和20名虾夷人（日本的少数民族），在京城门外三桥地方列队欢迎。天皇召见唐使时，还经常赠送布匹、绢帛等土特产品。

日本大约于895年停止派遣遣唐使。其原因除了此时唐国势衰微、对日本已失去吸引力和日本由于经济困窘、已无力再耗费巨资派遣使团访唐外，更重要的是由于日本经过两个多世纪吸收、移植盛唐文明，经过消化、加工、改造和创新等步骤，萌生了一种新的具有日本民族特色的国风文化，并且已大致完成了一系列向封建制国家的过渡。这时日本人对于学习唐代文明的热情已经降温了。此外，由于从9世纪后半期开始，往来于中日间的唐商逐渐增多，他们承担了联络两国的部分任务，并基本上能够满足日本上层社会对中国物产的需求，从而不必再依靠遣唐使从中国带回所需物资。894年，已被任命为第19次遣唐大使的菅原道真向宇多天皇上奏，请示停止派往。宇多天皇经过多方考虑，于第2年下诏，正式宣布停止派遣遣唐使。从此开始了依靠私人船只联络两国往来的新阶段。

遣唐使在中日文化交流中的历史功绩是不可磨灭的。他们在华逗留期间努力学习，考察唐朝的典章制度和先进的文化，使之成为在自己国家建立新制度和新的统治秩序的模式和借鉴。例如在官制上，他们仿照唐朝三省（尚书、中书、门下）六部（吏、户、礼、兵、刑、工）制，建立了三大臣（太政大臣、左大臣、右大臣）八省（中务、式、治、民、刑、兵、大藏和宫内）制；在律令制度上，他们参考唐朝的律令（武德令、贞观令、永徽令等）制定了日本律令（大宝令、养老令等）；在教育制度上，他们仿效唐朝教育制度，创设了各类学校，传授汉学，培养各种人才。此外，在土地制度、税制等各方面也多仿效唐制。

日本大量派遣使臣来华，尽力吸收中国文化，提高本国的文化水平。他们通过朝贡贸易和交换礼品的方式进行物质文化交流，输入了中国的先进生产工具和生活用品，如唐锄、唐犁、各种纺织品、瓷器、漆器、唐三彩，以及雕版印刷术与建筑设计等，如他们仿照唐都长安（今西安），建造了都城平城京（今奈良）与平安京（今京都）。当时许多日本的寺庙也是仿照唐朝的寺庙建造的。其次，通过遣唐使，还把中国的天文历法、数学、武器、医药、绘画、音乐、体育、舞蹈、书法、唐诗、汉文、雕塑以及风俗人情等带到日本，经过消化改造，演化为日本的国风文化。例如，他们借用汉字的偏旁或草书，创造了日本的假名文字。

这一切都推动了日本历史的发展和革新。

2. 留学生与阿倍仲麻吕（晁衡）、吉备真备

日本盛极一时的奈良、平安时代的文明，多半是在吸收和移植唐代文化的基础上，经过消化、吸收，使其与本国固有的文化融会而形成的。而直接参与这种吸收和移植工作的群体，就是赴唐留学生和学问僧。留学生一般是指学习普通学术知识的学生，而学问僧是指到中国专门学习佛教的僧侣。

日本派遣遣唐使的主要目的，就是为了学习和移植唐代文化，因此在遣唐使团中往往都有留学生。当然也有部分留学生是搭乘商船或其他船只（如新罗船）赴唐的。每次随遣唐使来唐的留学生为 20~30 人。留学生多半是从贵族子弟和平日才华就很出众的人中选拔出来的。日本政府对留学生非常照顾，待遇丰厚，学生回国后往往授予相应的官职。

留学生一般在唐逗留期间较长，前期常在 20~30 年，甚至有的人终生都留在了中国。但是从 8 世纪后半叶开始便缩短了留学时间，一般一两年，最长也不超过 5 年。其原因是此时日本已把大部分唐文化引入了国内，只需再补充一些欠缺部分，并且这些留学生在本国均已具有专门知识，造诣较深，所以学起来也更快。此外，也由于这时往来于中日间的唐船较多，不难找到便船随时往来。

留学生多在唐国子监所属六学馆学习，根据不同情况，选择不同专业。留学生在华的费用，多由他们自己和唐政府共同负担。他们在中国留学期间都是按着唐

代的风俗习惯生活，衣食住行也多仿唐人，甚至有的人连姓名也改成中国式的。如阿倍仲麻吕改名朝（晁）衡就是典型一例。还有的人娶唐女为妻，生儿育女。

在众多遣唐留学生中，最著名的对中日文化交流作出重大贡献的有两人，即阿倍仲麻吕和吉备真备，现简介如下。

阿倍仲麻吕（698～770年），中国名字叫朝衡（或晁衡），又名朝臣，字臣卿、仲满。他出生在一个中等贵族家庭，父亲名叫阿倍船守，曾任"中务大辅"（当时日本八省之一的中务省的次官，大致相当于唐的中书省次官），家住大和国（今奈良县）十字郡。阿倍仲麻吕从小聪明伶俐，酷爱学习，到了青年时代，他已是一个才华横溢的难得人才。716年秋，年仅19岁的阿倍仲麻吕就被选为遣唐留学生。与他一同被选上的还有吉备真备和大和长冈等人。次年三月，他便随第9次遣唐使赴唐，此次遣唐使的押使名叫多治比县守。这次遣唐使团规模较大，共有557人。他们从难波出发，经濑户内海到筑紫，然后转向南行，走"南岛线"，于当年十月至扬州登陆，不久便到达了长安。后来阿倍仲麻吕由鸿胪寺安排进入唐的最高学府——国子监太学。国子监太学是唐王朝贵族子弟上的学校，只收取四品以上高级官员的子弟，同时也收取外国留学生。唐政府对留学生特殊照顾，给予优待，费用全免。该校设置的科目主要是儒家经典，其次是学习诗文。他经过八九年的刻苦研读，熟练地掌握了汉语，适应了中国的习俗，并以优异的成绩完成了国子监太学的学业。后来他加入中国户籍,参加进士科的考试,并于727年进士及第,接受了唐所授予的官职,担任太子瑛的书库——左春坊的司经局校书(官阶为正九品下,此官为管理、校对图书典籍的官员)。这个官职虽官位不算高,但身居长安,能博览群书,又能经常接触皇太子和其他高级官吏,故阿倍仲麻吕对此非常满意。正如唐代诗人储光羲在《洛中贻朝校书衡》一诗中所言:"万国朝天中,东隅道最长;朝生美无度,高驾仕春坊。"由于他为官勤勉,德才兼备,又擅长诗文,故深受唐玄宗和太子瑛的器重,先后提拔他为左拾遗、左补阙和秘书监等官。官位也从"九品下"提升到"八品上"和"从七品"。他与中国知识界交往密切,与李白、王维和魏万等人都是非常好的朋友。魏万从首都长安回故乡王屋山时,阿倍仲麻吕把自己从日本带来的一件皮大衣送给了他。李白曾就此事,在《送王屋山人魏万还王屋诗》中说:"身著日本裘,昂藏出风尘。"

733年秋,当阿倍仲麻吕得知日本遣唐使多治比广成一行到达江南苏州时,兴奋异常。在中国一住17年的他,十分思念亲人和祖国,他认为这是自己回国的一个极好机会。于是他联络一起来华的留学生吉备真备,请求唐朝廷批准,让他们与这次遣唐使一同回国。阿倍仲麻吕的许多中国友好得知他要回国的消息,纷纷跑来看他,并互相唱和。如秘书少监赵晔的《送晁补阙归日本国》一诗为:

西掖承休瀚,东隅返故林。

来称剡子学，归是越人吟。
　　马上秋郊远，舟中曙海阴。
　　知君怀魏阙，万里独摇心。

诗中表达了赵晔作为阿倍仲麻吕的好友，既理解他思念祖国之心，又舍不得他离开自己的复杂心情。但出乎意外，唐朝廷只批准了吉备真备返国的要求，而回绝了阿倍仲麻吕的请求。这件事对他打击很大，使他不禁感到苦闷和失望。他在一首诗中表达了这种心情：

　　慕义名空在，输忠孝不全。
　　报恩无有日，归国定何年。

　　725年前后，唐玄宗的第12子潍（后改为璲）被封为仪王，不久阿倍仲麻吕被任命为"仪王友"（此官为从五品下，主要是负责陪伴亲王游玩、学习等事）。752年左右，他又被晋升为卫尉少卿（从四品上），次年便晋升为秘书监（唐六省之一，从三品，掌官藏书，相当于今天国家图书馆馆长），兼卫尉卿（从三品）等，主要掌管文物、器械、武库等。

　　752年，以藤原清河为大使，大泮古麻吕、吉备真备为副使的第11次遣唐使来华。阿倍仲麻吕奉唐玄宗之命负责接待工作。他与吉备真备久别重逢，备感亲切。753年新年，唐玄宗在含元殿接受各国使节朝贺。阿倍仲麻吕以其杰出的才干，巧妙处理了日本和新罗间有关"排位"的争执，并奉玄宗之命，陪同藤原清河等人参观了皇帝私人书库以及收藏儒、道、佛三教经卷的"三教殿"。唐玄宗对藤原清河和吉备真备的印象很好，命宫廷画工为他们画像纪念。

此时阿倍仲麻吕来唐已有36年，年龄已届56岁，思亲、思乡之念更加迫切，因此他再一次奏请玄宗，让他与藤原清河一起归国。玄宗虽然一再表示挽留，但最后还是批准他以护送使身份陪同遣唐使返国。当他的中国友好、同僚得知他真要离开中国时，都十分惋惜，纷纷前往送别。在告别宴会上，许多人赋诗赠言，表达友情。著名诗人王维写了《送秘书晁监还日本国并序》一诗。此诗序言有600余字，主要叙述日本文化受中国影响以及阿倍仲麻吕来华经过，并对他表示十分赞赏。诗中写道：

  积水不可极，安知沧海东。
  九州何处远，万里若乘空。
  向国惟看日，归帆但信风。
  鳌身映天黑，鱼眼射波红。
  乡树扶桑外，主人孤岛中。
  别离方异域，音讯若为通。

诗人包佶也提笔写了一首《送日国聘贺使晁臣卿东归》的诗，对阿倍仲麻吕的德才十分佩服，诗中写他是"九泽蕃居使，千年圣主臣"，"野情偏得礼，木性本含仁"。中国朋友们的真情实意，也使阿倍仲麻吕思绪万千，十分激动。他对即将离开的第二故乡和朋友恋恋

不舍,于是也挥笔写了一首《衔命将辞国》的诗,并把他随身携带的宝剑赠送给了朋友们。他在诗中写道:

衔命将辞国,非才忝侍臣。
天中恋明主,海外忆慈亲。
伏奏违金阙,骈骖去玉津。
蓬莱乡路远,若木故园林。
西望怀恩日,东归感义辰。
平生一宝剑,留赠结交人。

在这些中日诗人的诗作中,我们不难看出他们之间真挚的情意,以及老朋友多年相交的深情厚谊。

阿倍仲麻吕与藤原清河一行,由唐鸿胪寺卿蒋挑挽陪同,从长安出发,十月十五日到达扬州。阿倍仲麻吕与藤原清河等人又特意到延光寺拜访了高僧鉴真,邀他一同乘船东渡。此时鉴真虽5次东渡失败,但还是毅然答应与他们同行,后来鉴真所乘的第2艘船历经艰险,终于到达了扶桑。

十一月十五日,阿倍仲麻吕与藤原清河乘坐第1艘船(此次同行的一共有4艘日本遣唐使船)从苏州薰泗浦起航。是夜一轮明月当空高悬,送别的朋友们站在岸边挥手告别,此情此景使阿倍仲麻吕感慨万千,思乡之情油然而生,不由信口用日语吟了一首和歌,名为《三笠山之歌》,亦叫《望乡诗》:

翘首望东天,神驰奈良边。

三笠山顶上，想又皎月圆。

这次遣唐使船走的是"南岛线"，4艘船同时入海。当年十一月二十一日，第1、第2艘船同时到达阿儿奈波岛（今冲绳岛）。不幸的是，当第1艘船从此起航向奄美大岛进发的途中，骤然遇到飓风，失去了与其他船的联系。不久第2、第3和第4艘船相继到了日本，而第1艘却顺风漂流到了安南的骧州（今越南河静省）。由于语言不通，全船绝大多数人（估计有170多人）被当地居民杀害，仅剩阿倍仲麻吕和藤原清河等10余人幸免于难。后来他们又历经许多磨难，九死一生，又回到大唐长安。

当阿倍仲麻吕等人海上遇难的消息传到中国时，人们以为他葬身鱼腹，痛苦万分。754年，正在苏州游览的著名诗人李白，悲痛不已，潸然泪下，他面向东海，挥笔写下了《哭晁卿衡》一诗：

日本晁卿辞帝都，征帆一片绕蓬壶。
明月不归沉碧海，白云愁色满苍梧。

该诗大意说：我可爱的日本朋友晁衡离开了首都长安城，一片帆影向东海的仙境蓬莱岛的方向驶去。但好似皎洁明月的老友却沉没到碧波荡漾的大海之中，流逝的白云充满着悲哀的情思，弥漫在东海之上，给人们带来了无限的悲痛与忧愁。

阿倍仲麻吕回到长安的第2年（755年）就发生

了"安史之乱"。他很可能与唐玄宗一起于公元756年夏天逃出长安,到四川避难,一直到757年末才回到长安。759年,日本使节高元度来华,准备接藤原清河等人回国。可是由于当时"安史之乱"还没有彻底平息,路上非常危险,第2年高元度只好先回国了,从此阿倍仲麻吕失去了归国的机会。

在唐肃宗统治期间,阿倍仲麻吕被任命为左散骑常侍和镇南都护(左散骑常侍掌管侍奉、规讽和应对之役等;镇南都护主要负责安南方面的军务),后来又改任安南都护、安南节度使等官。766年他69岁时,请求退休,不久回到首都长安,晋爵为北海郡开国公,食邑三千户,并兼任光禄大夫和御史中丞等官职。他于770年病逝,终年73岁。唐代宗时为了表彰他的功绩,追赠他为潞州大都督。779年,即他死后9年,日本政府听说他在中国的家属生活拮据,光仁天皇特赐他家属东纶100匹、白绵300匹。836年,仁明天皇诏敕追赠他正二位,并表彰他不怕惊涛骇浪、不畏艰险到唐留学,并学有所成,显赫一时,荣升高位,名声远播,是位难得的人才。

阿倍仲麻吕生于日本,死于中国,他既对祖国的河山、人民怀有极深的感情(他曾多次写信,请新罗使节带回本国,慰藉亲人),又对第二故乡中国无限钦慕和忠诚,在沟通中日两国关系和促进两国文化交流方面起了积极的促进作用,作出了杰出贡献。在中日文化交流史中,他是一位值得纪念的人物。

吉备真备(695~775年),原名"真吉备",到唐留学时，改名"真备"。他家世居吉备（今日本冈山、广岛一带），是吉备国的大族，本来姓下道，父名下道国胜，曾任右卫士少尉。吉备一姓乃是由圣武天皇所赐。吉备真备自幼好学，对中国文化充满仰慕之心。后来到"大学寮"中学习，官从八位下。716年他22岁时，日本元正天皇决定他和阿倍仲麻吕一起作为留学生来唐，并随多治比县守为押使的遣唐使来华。次年他与阿倍仲麻吕乘同一艘船来到中国。到了长安，阿倍仲麻吕进入国子监太学，而吉备真备到鸿胪寺跟随四门助教赵玄默学习儒家经典。除学经史外，他还学习律令格式、算术、音韵、天文、历法、兵事、礼仪、祭祀、建筑和书法等各种知识。他爱好广泛，勤奋上进，是日本留学生中的佼佼者。他前后在唐生活了17年，直到734年才乘船回国。他回国时带回了在中国搜集的大量文物、典籍、观测天文的工具、各种弓箭、围棋和棋子等。据说围棋就是由他从中国传入日本的。735年春天，他回到了久别的祖国，被任命为大学助教，在当时日本最高学府——"大学寮"任教，官属正六位下，主要讲授明经、文章、明法、算学、音韵和书法六种，几乎包括了整个大学寮的课程。他对日本教育的发展作出了巨大贡献，同时他还对大学寮的制度、教学都进行了改革和创新。

吉备真备曾是孝谦天皇的老师，为其讲解《礼记》和《汉书》等。738年秋，吉备真备被提升为从五位上，任左卫士督、东宫学士和右京大夫。后来由于受到藤原仲麻吕的排挤，被贬为筑前守（即福冈县长官）、肥后守（即熊本县长官），在九州居住了14年。孝谦天皇在天平胜宝二年（750年），任命藤原清河为第10次遣唐大使，吉备真备为遣唐副使。到中国后他与老友阿倍仲麻吕重逢，互叙友情，非常高兴。

唐玄宗在召见吉备真备后，授予他银青光禄大夫、秘书监和卫尉卿等官职。754年他回到日本后，被提升为正四位下的官阶，后来又被调到九州博多任太宰少贰和太宰大贰等官。这主要是由于日本朝廷要加强九州地区的防务和军事装备的缘故。764年，他奉孝谦女天皇之命回到京城，任督造东大寺的长官。

754年秋，藤原仲麻吕等人发动叛乱，企图推翻孝谦女天皇。吉备真备因熟习军事，故被晋升为从三位官阶，任参议兼中卫大将，负责筹划平叛工作，很快平定了藤原仲麻吕的叛军，并废黜了站在藤原一边的淳仁天皇。孝谦女天皇重登皇位，吉备真备因平叛有功，先后被擢升为中纳言、大纳言，授勋二等，正三位官阶。766年，又授其为从二位，擢升为右大臣，成为朝廷重臣。孝谦女天皇还亲临他的宅第，将其官阶晋升为正二位。769年，孝谦女天皇病逝。吉备真备以年老体衰为由请求辞职，但由于新天皇的挽留，直至770年才批准他退职，是年他76岁。当他得知老学友阿倍仲麻吕在唐朝去世的消息后，十分悲痛，深感自己到垂暮之年，身心受到了沉重创伤。775年吉备真备因病去世，终年81岁。他的著作有《私教类聚》等。

吉备真备一生致力于把在唐朝学习到的各种知识带回祖国并充分地应用到各个方面。他把唐的礼制、教育、吏治、法律和军事等方面的知识引进日本，对中日文化交流有巨大的贡献。

3. 鉴真大和尚赴日

鉴真（688～763年），俗姓淳于，祖籍广陵江阳（今江苏扬州市）。父亲是位虔诚的佛教徒，曾随智满禅师学佛。鉴真和尚是日本律宗初祖，亦称"过海大师"、"唐大和尚"等。

鉴真14岁时，因身体孱弱，随父亲到扬州大云寺（后改名为龙兴寺）礼佛。因受寺院气氛感动，他提出留在寺内出家。父亲答应了他的要求，从此他跟随智满禅师学习佛法。705年，他接受了著名律宗大师道岸禅师的"菩萨戒"。道岸禅师并给他起法名鉴真。他20岁时离开扬州，先后到洛阳和长安等地深造。他平日勤学苦练，又得到了名僧的教诲，进步很快。708年，他在长安实际寺登上戒坛，由著名天台宗高僧弘景禅师授了"具足戒"。所谓"受戒"乃是信奉佛教的人正式表示接受佛教徒必须遵循的各种行为规范，如不杀生、不偷盗、不吃肉、不饮酒、不淫乱……而举行的礼仪。戒律又分为"菩萨戒"和"具足戒"两种。"菩萨戒"是指初入佛门的人直到大彻大悟之人，都必须遵守的最基本的戒律。"具足戒"是指受完"菩萨戒"的人，经过三师七证和十三难的考问，合格者才被承认了僧籍，此即所谓"具足戒"，意思是说此乃圆满完成的戒律。此后鉴真开始学习律宗。律宗是中国佛教中以研习和传授戒律为主的一个宗派。不久鉴真又向融济律师学习道宣的《四分律行事钞》，从而使他对律宗和天台宗都有了更深的理解。

713年，26岁的鉴真回到故乡扬州，在大明寺讲授戒律，先后举办戒律讲座130余次，听讲和由他授戒的僧侣达4万人以上，被人们称为"授戒大师"。他还组织僧侣抄写佛经3300多卷，兴建佛寺18座。此外，他还经常为人治病，救济贫苦人民，故在人们心目中，他是一位德才兼备、威望颇高的高僧。他的名字不仅在中国国内享有盛誉，在东亚各国，特别是日本也极负盛名。

733年，日本兴福寺僧人荣叡和大安寺僧人普照作为学问僧，跟随以多治比广成为大使的遣唐使团来到中国。他们除了到中国学习佛法外，还受命到中国聘请高僧去日本作为授戒大师，建立传戒制度。日本虽然从6世纪初始传入佛教，但最初只有少数贵族信仰，弘扬不广。大化改新后，执政者想把佛教推广到整个统治阶层当中去，以此统一人们的思想。由于当时人们不堪统治阶级的沉重剥削，纷纷"私度"、"自度"为僧，以此逃避赋税，以致严重影响了国家的财政收入，因此非常需要正规的授戒制度。荣叡、普照到中国，被安排在洛阳福先寺修行，不久他们邀请福先寺的律僧道璇以及从印度来华的僧人菩提、林邑（今越南）僧人佛彻等人赴日。但他们到日本后，由于水平所限，只能讲授律藏，而不能为人登台授戒，所以仍然需要从中国聘请一位高僧赴日。742年，荣叡、普照来到扬州大明寺，聘请鉴真和尚及其弟子东渡日本，弘扬佛法。当时两位日本僧人对鉴真说："佛法传到日本之后，只有佛法而已，还没有传法授戒的高僧。以前圣德太子说过，二百年后佛教将大兴于日本。现在正是实行他的预言的时候，希望大和尚东渡弘法。"鉴真听后答道："以前我曾听说南岳惠恩禅师去世后托生为日本王子，弘扬佛法，普度众生；我还听说日本国长屋王崇敬佛法，还曾缝制了一千多套袈裟分送给我国僧人，并在袈裟上绣着四句话：'山川异域，风月同天，寄诸佛子，共结来缘。'看来日本与我国都是与佛法有缘的国家啊！"他问弟子们："你们有谁愿意应邀去日本弘扬佛法呀？"当时竟没有一个人回答，只是默默地站在那里。过了好一阵子，有一个人小声说道："日本太遥远了，去则生命难保。苍茫大海，狂风巨浪，充满惊险，东渡是百无一成之事。"此情此景，使鉴真和尚激动不已，他沉着而坚定地说："这是一件弘扬佛法的大事啊，怎么能先想到自己的生命呢！你们若是不去的话，那么我就去吧！"众弟子看到年过半百的师父不顾一切地要只身东渡，也纷纷表示要与他一起前往。他们当下便着手做各种东渡的准备。当时唐朝政府严禁私自出国。在这种情况下，他们便以从海路去浙江国清寺朝拜为名，积极地造船，筹集粮食、佛经、佛具、佛像、香料和药品等。正当他们紧锣密鼓地准备出发之际，由于僧人如海得知自己不能赴日，便跑到官府告密，并谎报鉴真等人要勾结海盗、骚扰扬州，结果船物被官府没收，东渡计划也随之破产了。743年年底，他们又购买了岭南道采访使刘巨麟的一只旧船，招募了水手、工匠，加上鉴真及众弟子，总共

80余人，在日本僧人荣叡和普照陪同下，由扬州出发，顺长江而下。但不巧当船行到长江口狼沟浦地方时遭到狂风袭击，撞礁船破，此次东渡又告夭折。虽然连遭两次失败，鉴真赴日的决心并没有动摇。经过紧张的工作，他们很快在当地修好破船，又开始第3次东渡。当船行至舟山群岛附近的桑石山（今桑子山）时，暴风狂浪使船撞在巨石上破碎，后幸被人救助上岸。他们一行曾在明州阿育王寺和越州（今绍兴）等地逗留。不久鉴真又派人到福州购买船只，贮备粮食，准备从福州出海赴日。744年春夏之交，鉴真一行在前往福州途中，他在扬州的弟子灵祐等人由于担心他的安危，便向官府作了告发，结果鉴真一行被强行送回扬州。这次东渡又以失败而告终。

事过3年。到了748年，鉴真已年过花甲，荣叡、普照又一次来到扬州，动员他再一次赴日，鉴真欣然应允，并于是年六月二十七日，带领35人由扬州起程，沿运河、长江而行，经杭州、越州、舟山群岛入东海。不幸又遇东北方向的暴风，经14个昼夜的漂流，被吹到海南岛南端的振州（今崖县），后经万安州（今万宁县、陵水县）、崖州（今琼崖县）到雷州半岛登陆，由广东入广西，在桂林住了一年，又前往广州。当鉴真一行走到端州（今广东高要县）龙兴寺时，日本僧人荣叡因病故去。这使鉴真十分悲痛，把他安葬在当地。后来该墓成为中日两国人民友谊的历史见证。1962年，中国人民为了纪念这位为中日文化交流而献身的日本高僧，在当地建造了由赵朴初先生手书的纪念碑。鉴真一行后来经广州到韶州（今广东韶关市）。这时日僧普照去了明州（今浙江宁波），准备继续东渡的船只、粮秣等。鉴真由于长年历尽艰辛，身体虚弱，再加上感染暑热，害了眼病，乃至双目失明。后来在江西吉州（今江西卢陵），长期伴随他的心爱弟子祥彦也因病去世了。这无疑是对鉴真大师的又一个沉重打击，但这位老人经受住了考验，并没有气馁，下定决心在有生之年一定要东渡成功。后来他们一行经过江州（今江西九江市）、江宁（今南京市），终于在751年回到阔别了3年的扬州。

752年秋，以藤原清河为大使、大泮古麻吕和吉备真备为副使的日本第10次遣唐使来到了长安。他们请求唐玄宗批准鉴真一行与他们一起去日本。由于唐玄宗不但信佛，且更崇道，所以竟提出如果鉴真等人东渡，必须派道士一起同行的要求。由于日本当时没有道教活动的场所，故藤原清河只好撤回请求，并答应在遣唐使团中留下4人在唐学习道教，以作搪塞。他和吉备真备、大泮古麻吕以及阿倍仲麻吕等人于753年十月十五日到扬州延光寺，拜见鉴真大师，向鉴真述说了他们与唐玄宗交涉邀请大师东渡的经过，并向他表示："如大师今尚有东渡的愿望，我们遣唐使团共有船4艘，其他粮、水和一应物品都已具备，非常方便，完全没什么困难，望您斟酌而定。"虽然当时鉴真已经66岁，且双目失明，但他却意志坚强，不改东渡的初衷，欣然同意一同前往。4天以后，即十月十九日，他们便由扬州乘船，沿运河南行至苏州，与日本遣唐使船会合。这次与鉴真大师一起同行的共有弟子（如法进和思托等）和各种工匠24人（其中包括3个外国人），随身携带的物品有如来、观世音佛像8尊，舍利子、菩提子等佛具7种，《华严经》等佛经84部300多卷。此外还有王羲之、王献之父子的行书真迹书帖3种等物。753年十一月，他乘坐日本遣唐副使大泮古麻吕的第2艘船，普照从浙江余姚赶来，上了吉备真备乘坐的第3艘船，到达阿儿奈波岛（今冲绳岛）。又过了近1个月，他们一行经种子岛、屋久岛（今益救岛），于十二月二十日到达九州南端的萨摩国阿多都秋妻屋浦（今九州鹿儿岛县川边郡的秋目），在此地登陆上岸。普照与吉备真备等却被风暴吹到纪伊国（今和歌山）登陆。而藤原清河与阿倍仲麻吕在途中遇暴风，被吹到南海安南境内。鉴真大师自742年起，历经12个年头，经受无数艰难困苦，6次东渡，最后终于实现了自己的愿望，东渡成功。

753年十二月二十六日，鉴真一行到达九州北部的太宰府（此机构为设置于筑前国筑紫郡的地方官府，负责管理九州地区诸国的行政与对外贸易，以及接待外国使节等事宜）。不久又乘船东行，于754年二月一日到达难波（今属大阪市），三日到达河内国（今大阪府），第2天就到达了首都奈良，受到了天皇的代表安宿王等人的欢迎，被迎到了东大寺。接着中国僧人道璿、印度僧人菩提等也赶来参拜他。是年三月，遣唐副使吉备真备以敕使的名义拜访了鉴真，并代表孝谦天皇宣读诏书："大和尚远涉沧波，来到我国。朕事先建造了东大寺已经十几年了,并在大佛寺西侧拟建戒坛,此乃吾日思夜想的心愿。今大和尚到来,使朕不胜欣慰,自今以后,授戒传律,全由大和尚担任吧!"不久天皇又下诏授鉴真大法师位,赐他绢、绝等礼物,同时委托他立坛授戒。

754年四月初,在东大寺卢舍那佛殿前设立了戒坛,由鉴真登坛主持,先后为太上皇圣武天皇、皇太后和皇太子授戒,接着又为沙弥澄修等400余人授具足戒。后来又在大佛殿西侧专门设立了授戒之所——戒坛院。756年,孝谦女天皇又任命鉴真为大僧都。次年,天皇又把新田部亲王的故宅拨给鉴真。鉴真在这里建造了由他自己设计的唐招提寺。鉴真71岁时卸任,被尊称为"大和尚",唐招提寺也成为日本律宗的"大本山",是传律授戒的重要场所之一。鉴真成为日本律宗的始祖。他在唐招提寺除讲授律宗教义外,也讲授天台宗教义。763年他在唐招提寺去世,终年76岁。弟子们为他模塑了一具干漆坐像,这就是流传至今的鉴真和尚坐像,现被日本政府定为"国宝"。

鉴真死后14年,即777年,日本第14次遣唐使来到中国,把鉴真去世的消息带到扬州。各寺僧侣闻讯均穿丧服,举哀3天,并在龙兴寺举行了盛大的悼念斋会。他的弟子法进曾作诗悼念。诗曰:

大师慈育契园空,远迈传灯照海东。
度物草筹盈石室,散流佛戒绍遗纵。
化毕分身归净国,娑婆谁复为驱龙。

鉴真大师一生不畏难险,为中日文化交流架起了一座桥梁,并把盛唐的先进文明带给了日本,对建立奈良时代的天平文化起了巨大作用。他不但把佛教的戒律制度传到了日本,而且在日本开创了律宗,成为奈良佛教的南部六宗之一。在建筑和雕刻艺术方面,他和他的弟子们建造的唐招提寺反映了盛唐建筑的宏伟之风,也是造像精华的宝库。寺内经堂、讲堂与中国五台山的佛光寺正殿相似,是日本现存的奈良时代最壮美的佛教建筑。寺内的木雕群更是精美绝伦,故整个唐招提寺也被日本政府定为国宝。在医药方面,鉴真的贡献也很突出。他本来就擅长医术和本草学,到日本后,在弘扬佛法之余,还传授医药之学。他曾为天皇、皇太后治好了疾病。他虽双目失明,但他可用鼻嗅、手摸、口尝等方法鉴定中草药真伪,因此日本医药界把他尊为始祖。日本直到明治维新以前,药店的中草药袋上均印有鉴真像。此外,鉴真带到日本的佛经等印刷品以及书法碑帖,有的至今还在奈良正仓院中保存着,它们对日本的印刷术和书法艺术的发展都产生了深远影响。此外,鉴真东渡时还带去了不少中国食品(如糖、水果、豆腐、点心、蔬菜等)以及制作方法,对日本的饮食文化发展也起到一定的促进作用。

1200多年以来,鉴真大师一直活在人们心中,被中日两国人民所怀念,成为历史上象征中日友好的一面旗帜。17世纪80年代的一个初春,日本著名俳句诗人松尾芭蕉在游览了唐招提寺后,面对着鉴真的塑像感慨万千，不由得挥笔写下了著名的俳句："愿将一片新叶，揩掉您的眼泪。"1981年，鉴真坐像被护送回国探亲，先后在扬州、北京等地供人瞻仰。现代日本著名画家东山魁夷特意为唐招提寺绘制了《涛声》和《山云》两幅壁画，以作纪念。日本著名作家井上靖还专门把鉴真的事迹写成小说《天平之甍》，并改编成电影、戏剧上演。中国的文艺工作者也排演了《鉴真东渡》等戏剧公演。中国著名学者、诗人郭沫若访问日本时，特地去奈良唐招提寺瞻仰鉴真大师坐像，并为其扫墓。他还赋诗曰：

鉴真盲目航东海，一片精诚照太清。
舍己为人传道艺，唐风洋溢奈良城。

鉴真东渡是中日友好和文化交流的历史标志，至今仍在激励着中日两国人民为发展传统友谊、世世代代友好下去而竭尽全力。

4. 学问僧与弘法大师——空海

顾名思义，学问僧就是日本奈良、平安时期到中国专门学习、研究佛教的僧侣。隋唐时期，中国佛教大兴，各宗派业已成熟，各种制度、经卷日臻完备，高僧辈出，纷纷创立学说，是中国佛教史上的黄金时代。人所共知的高僧玄奘就是在这一时期去印度求法并大量译经的。当时日本统治阶级正在有意识地利用佛教巩固统治，统一思想，故而大力提倡佛教。为了探求更深的佛理，搜集更多的佛经，他们除了从中国聘请高僧东渡外，还派学问僧到中国求法取经，这些人统称求法留学僧，详分之，又可分为学问僧、请益僧和还学僧等。学问僧指留学时间长、志在深造的留学僧（有的在唐学佛达30年之久，后期一般不超过5年）；请益僧系指自己在佛学方面已有一定造诣，为求得某些疑点的解释而入唐学习的僧人；作为遣唐使团成员，一般与遣唐使同时往返并兼有请益使命者称为还学僧。据史料记载，从653年以后的二百多年间，日本僧人到中国求法的就有百余人，超过了入唐留学生的人数。特别是在唐代中晚期，即日本的平安初期，到中国的日本学问僧数量更多，他们在中国搜集、抄写的经卷最多，造诣也较深，对日本佛教的发展和中日文化交流均作出了贡献。当时来华的著名学问僧有弘法大师空海、良辨、道昭、智通和玄昉等人。其中最著名者就是空海。

空海（774~835年）俗姓佐伯，幼名真鱼，佛教法号遍照金刚，谥号弘法大师。他是日本真言宗创始人，原籍赞岐国多度郡屏风浦（今香川县普通寺市）。父亲名叫佐伯直田公，母姓阿刀。他家是赞歧地方的豪富，家族中不少人在京为官，或做僧侣。空海自幼随舅父阿刀大足学习汉文和儒学经典《论语》、《孝经》等。他聪慧好学，招人喜爱，15岁时随舅父入京学习，18岁时进了日本的最高学府——大学寮的明经科，学习经史等儒学著作。与此同时他对佛学也产生了浓厚兴趣。24岁时他撰写了《三教指归》一书，阐述了他的教育理论，并对中国的儒、道、佛三教进行了评论比较，认为佛教思想最终在各种思想中占主导。他写书的目的是回答反对他出家的亲友的质问，另外是为了教育他不敬父母、不求上进的外甥。

793年，当他20岁时，在和泉寺拜槙尾山石渊寺僧正三轮宗的大师勤操为师，剃发为僧，名教海，后改为如空。795年，他22岁时，在奈良东大寺戒坛院受具足戒，僧名空海。后来他对密教产生兴趣。为了加深理解密宗教义，他决心要亲自去大唐求法。

804年春，空海作为学问僧随遣唐使藤原葛野麻吕来华，同行者有日本天台宗的始祖最澄，以及留学生橘逸势等人。由于途中遇到风暴，他乘坐的第1艘船被吹跑，与其他船失去联系，直到当年八月十日，他们才到达福州长溪县赤岸镇以南的海口。由于该地没有接待过日本遣唐使，又因藤原一行没有国书，因此地方官拒绝让他们登陆。于是藤原大使请空海用汉文代他写信呈送地方官，信中说："愿垂柔远之惠，顾好邻之义。"福州刺史阎济美很欣赏空海的文采，决定准许他们登岸，为他们提供食宿方便，同时派人上报朝廷。50多天后，长安派敕使迎接他们。由于福州刺史酷爱空海之才，不肯放空海离去。在这种情况下，空海又写了一封情深意切的信，呈给福州刺史。信中阐明他乘风破浪冒死来华，就是因为仰慕大唐文明，特别希望到长安名刹学习佛法，因此恳切请求阎济美刺史能满足他的心愿。在他的感染下，最后刺史同意了他的要求，允许他与遣唐使同时北上长安。十一月三日空海等人由福州出发，途经杭州、扬州、洛阳等地，于十二月二十一日到达长安。他们受到唐内使赵忠的欢迎，被安排在朱雀门东的宣阳坊官宅。在此期间他们一行参加了唐德宗的葬礼和唐顺宗登极的庆典等活动。后经唐顺宗批准，空海和留学生橘逸势留在长安学习，空海从此移居西明寺。这座寺院是仿照古印度有名寺院祇园精舍修建的，高僧玄奘就曾在此寺译经。

805年夏，空海拜长安青龙寺高僧、三朝（即唐玄宗、肃宗和代宗）国师、真言宗（即密宗）第7代传祖惠果为师。惠果早就得知空海来唐，也很想与他会面，因此两人一见面，便如老友久别重逢一样，兴奋不已。惠果对空海说："我早就听说你来了，也期待与你会面很久了。今天终得相见，我真是太高兴了。我现在已到垂暮之年，但是还没有传授真言密法给应传之人，我准备把真言密法传授给你。现在立即备好香水，准备进入灌顶坛吧。"从此之后，空海刻苦学习佛学、经卷，由于他会汉文和梵文，因此很快就读了《大日经》和《金刚顶经》二百多卷，并承受了真言密教的衣钵。当年六月，惠果授空海胎藏界学法灌顶（灌顶是密教特有的仪式，用香水向被传授者头顶灌注，以示授法）；七月，又授他金刚界的学法灌顶；八月，授予他传法阿阇梨（即师父）灌顶礼，并赐他佛教法号为"遍照金刚"。从此他便成为密教的阿阇梨，获得了密教正宗嫡传和向后人传法的身份，实现了他来唐求法的最高愿望。惠果与空海关系非常密切，彼此如同父子一般。同年十二月十五日，惠果在青龙寺圆寂。临死之前，他曾嘱咐空海早日回归，把密教传到日本。空海原本打算在中国留学20年，但当他听到师父临终前的嘱托，便决心改变初衷，提前归国。805年年底，日本遣唐使团判官高阶远成乘坐的船到达大唐（该次遣唐大使为藤原万野麻吕，途中因遇暴风，与其他船分散）。空海听到这个消息后，便立即向唐政府申请回国，不久得到批准。空海即将离华的消息传开，他的中国朋友纷纷前来话别，作诗唱和以叙友情。如郑壬在送别诗中写道：

> 承化来中国，朝天是外臣。
> 异邦谁作侣，孤屿自为邻。
> 雁塔归殊域，鲸波涉巨津。
> 他年续僧史，更载一贤人。

朱千乘在送别诗中也写道："威仪易旧体，文字冠儒宗。"祝愿他回国后，"承恩见明主，偏沐僧家风。"并且把《朱千乘诗》1卷赠送给他。中国僧人昙清也在赠别诗中写道："来朝唐天子，归译竺乾经（即印度佛教经卷）。""到宫方奏对，图象到壬廷。"朋友们都预言他回国后一定前程似锦，名留青史。空海也满怀深情地赋诗回赠。他在给师兄弟义操和尚的诗中说："同法同门喜遇深，随空白雾忽归岑。一生一别难相见，非梦思中数数寻。"

806年八月，来唐两年，33岁的空海与判官高阶远成，留学生橘逸势等人一起起程回国。回国时，空海随身携带了许多佛经、佛具。其中佛经共计216部，共561卷,佛像10幅,佛具10多种。此外还有《刘希夷集》、《王昌龄集》和《急就章》等书籍。空海回国后,先在九州观世音寺短暂停留,不久便去了京都,住在高雄山寺,在此研究密教。同时在该寺附近创造了日本历史上的第一座民间学校——综艺种智院,传授中国文化,主要有儒学、佛学、法学、医学和音乐等,而且还教学生手工等技艺。综艺种智院面向普通百姓,力图在庶民中普及教育,凡贫苦学生都可以免费食宿。空海还特意把该校开学典礼定在恩师惠果的忌日,以此表达他对师父的怀念,同时也希望中日两国永远友好。

空海回国后,还亲自编撰了一本《请来目录》呈献给平城天皇,把他在中国搜集的各种书籍向天皇作了汇报。

809年,嵯峨天皇登位。他平生最喜爱中国文学和书法艺术,在日本历史上,他和空海、橘逸势三人,合称"三笔"(或"三圣"),可见他们书法艺术之高超。他很欣赏空海,空海也曾奉命将刘义庆的《世说》抄写成屏风进献皇宫。空海还先后把自己从中国带回来的4枝狸毛笔和《急就章》、《王昌龄集》、《梵字悉昙赞》、《古今篆文体》等书呈献给他,他则把200匹绵赐给空海。两人还经常互赠诗歌,彼此唱和。

818年,空海在纪州高野山(今和歌山县伊都郡高野町)创立了真言宗根本道场——金刚峰寺。次年,嵯峨天皇任命他为内供奉十禅师。820年,又叙传灯大法师位(相当于三位的官阶)。823年,天皇把京都的东寺、西寺的管理、营建权交给了空海,并正式命名为教王护国寺。该寺为官寺,朝廷专门拨给封户200户,供寺内僧侣消费。该寺一切都仿照密教寺院的制度行事,使其成为封闭式的纯粹的真言宗寺院和密教的传播中心。公元827年,空海升任大僧都,他所创立的真言宗也与高僧最澄创立的天台宗并列,成为平安时代日本佛教的二大派别。同时密教也渗透到天台宗内,使得天台宗内"台密"系统风靡一时,并影响了整个日本佛教的发展。不久在奈良东大寺内也建立了"真言院"。831年,空海不幸患上痈病。次年他离开京都,回到高野山,开始坐禅;835年圆寂,葬于高野山,终年62岁。他死后,仁明天皇曾派使臣吊唁。921年,醍醐天皇授予他弘法大师谥号。空海一生著作宏富,总计有近300种,共500多卷。空海不仅在日本佛教史上占有重要地位,而且在日本文化史和中日文化交流史上均占有重要地位。他的文学造诣很高,所著的《文镜秘府论》一书,共6卷25节,在总结中国从汉魏六朝一直到隋唐时代文学作品基础上,阐明了中国诗歌的规范和法则,成为人们赋诗、撰文的指导书籍。此书对日本人掌握汉诗文以及对后来日本民族诗歌的形成,都起到了一定影响。他所编著的《篆隶万象名义》共30卷,是日本最早的汉文词典,对日本人熟习汉字有重要作用。他的著作还有《三教指归》、《经国集》、《遍照发挥性灵集》等。

在书法方面,他的造诣很深。在唐期间,他曾拜当时著名书法家韩方明为师。同时他也认真研究了王羲之、欧阳询和颜真卿等人的真迹，潜心摹拟，并广泛搜集汉、魏碑帖，进行学习。他对于篆、隶、楷、行、草和飞白等各种字体都很擅长，草书更为突出。传说他能用嘴、双手和双脚同时操笔书写，故有"五笔和尚"之称；另有一种说法，认为他对篆、隶、楷、行、草五种字体都擅长，故叫他"五笔和尚"；还有人说他向韩方明学会了"执笔五法"，因此得到"五笔"之称。空海是日本书道的宗师，也是把中国书法艺术传入日本的第一人。嵯峨天皇在诗中赞美他的书法："妙笔艺能不可测，二王（系指王羲之和王献之）殁后此僧生。既知风骨无人拟，收置秘府最开情。"空海的墨迹《风信帖》，今天已成为日本的"国宝"。传说空海还把中国制笔、制墨的技术传到了日本。

在美术方面，他把在中国学到的寺院建筑、佛像雕塑和佛教绘画等带到日本，并在建造日本寺院时进行了再创造。由于这些作品都创建于嵯峨天皇的弘仁年间，故被称为弘仁式建筑和弘仁式雕刻，为日本美术史增添了光辉。此外，他还根据自己所学梵文知识，借用中国汉字草书，创造了日本文字的平假名。传说流行于日本的《伊吕波歌》也就是空海根据中国草书创造的平假名字母表。传说他还从中国带回茶种，引进了种茶技术，并曾向嵯峨天皇进献从中国带回的茶叶。

在教育方面，828年年底，空海仿照中国地方办的乡学、私塾的做法，在京都东寺的东面创建了"综艺种智院"。"综艺"即为各种学问的综合、包罗万象的意思，其中包括儒学、佛学、阴阳五行、法律、艺术和医药，等等。"种智"即掌握一切智慧。这所学校面向平民，是日本民办教育之始。

在农业水利方面，空海曾被任命为"筑池别当"一职，掌管农田水利工程，在他家乡修建了"万浓池"，用来灌溉农田，受到百姓欢迎。

空海在中日文化交流中，特别是在日本传播中国文化方面作出了杰出贡献，立下了不朽的功劳。

⑤唐与日本的贸易。

唐代是中日交流最频繁的时期之一，其中贸易往来也占有相当重要位置，不管官方贸易和民间贸易都已达到一定水平。所谓官方贸易，最典型的就是遣唐使所进行的"朝贡"式的贸易。遣唐使从表面上看是为了联络感情，加强彼此的友谊和了解；但从本质上看是日本从唐朝吸收文化和输入文化产品，以及其他日本所需要的物质。因为遣唐使每次来华，都要向唐朝廷呈献礼物和特产等，而唐朝廷也要以几倍的礼物回赠给遣唐使，而且朝廷还要按使节的级别高低另有赏赐，这实际上就是用国际礼仪形式来进行官方贸易。日本向唐呈献的物品主要是绝、丝、绵和布等纺织品，此外有银、琥珀、玛瑙、金漆等；唐回赠的物品除佛像、佛具和佛画等佛教文化用品外，还有金、彩帛、丝绸、药品、香药、家具、乐器和书籍等。此外，遣唐使团其他成员也各自把他们从日本带来的物品卖掉，再购买中国物品带回去。

日本从838年以后，基本上停止向中国派遣遣唐使。这以后主要是靠商人往来两国之间，沟通彼此联系，从事商业贸易。当时主要是唐船使日，此外还有新罗船和日本船从事这种贸易。这说明当时民间贸易和人员往来已形成了一个新高潮。唐商人组成船队漂洋过海，往来于中日两国之间，从事贸易活动。据史书记载，有名可查的商人就有20余人。如张支信、李邻德、李处人、秀英觉、钦良辉、陈太信、李延寿、金文习、任中元、詹景全、李达、张言、崔及、杨青、崔铎、张蒙、柏志贞、王纳、周汾、梨怀和景球等。其中最著名的是张支信、李邻德、李达和詹景全等人。他们多次往来于中日之间，经营额相当大。大商人张支信于862年在九州肥前国（今佐贺县、长崎县）松浦郡，亲自设计，用楠木造了一艘坚固大船，把日槙如法亲王和其他一批日本僧侣，如宗睿、惠萼、惠池等人护送到浙江明州，在中日文化交流史上留下了一段佳话。由于当时造船技术、航海知识的提高，使得航期缩短，七八天内就可到达彼岸，并且也比较安全，大大方便了两国的海上往来。晚唐商人也有入籍日本的。由中国商人变成日籍商人，从事中日贸易更加方便。例如874年，唐商崔及一行36人在九州肥前国松浦郡靠岸，要求入籍，得到日本政府承认。他们入籍日本后，把中国先进的文明直接传到日本。唐船运载到日本的货物主要为宗教用品，包括佛经、佛像、佛具等，其次是文房用具、书籍、医药、香药和工艺品等。唐商的船队一般都先到九州北部的太宰府，与太宰府间进行贸易。太宰府代表日本朝廷购买所需物品，余下的物资可以与达官贵人交易。最后唐商还可与日本商人、市民进行交易。因此唐商的贵重物品和紧俏商品多为官方买走。唐商卖掉货物后，主要买进砂金、水银、绵、布等。唐商赴日进行贸易，不仅加强了中日两国间的经济联系，而且也为促进中日文化交流作出了贡献。

4. 唐文化对日本的影响

唐朝时，中国已进入了高度发展的封建社会，政治、经济和文化等方面均比日本发达和进步，而同时代的日本却是刚刚从原始国家统一起来的，在文化方面要比中国落后许多，因此对于唐文化非常敬仰，千方百计地大力引进和移植。主要表现在，日本历史上第一次重大改革——大化改新就是在唐文化影响下进行的。改革的主要人物中大兄皇子和中臣镰足都受到在中国留过学的南渊清安影响，特别是受到了中国儒家和法家思想的影响。随着经济基础的改变，上层建筑也发生了很大的改变。这些变化几乎都受到了唐文化的影响，有不少就是直接引进和模仿唐代制度而制定的。如奈良时代为了确立国家统一的政权，在中央设立京师、畿内制度，在地方设立国、郡和里等组织机构；制定了班田制。其他如法制（如"大宝律令"、"养老律令"等）和官制也多是根据唐朝相应制度而制定。这些方面已在前面提及，此不赘言。

日本天皇被视为权和神的统一代表王权神授的思

想也是这时形成的。其实这也是中国把皇帝视作"天子"及"王土王民"的观念的翻版。

在教育方面也是学习唐代的一套制度。从701年起在京城设置了大学寮，地方设立了国学。学科主要有书、算、明经、纪传和明法等，大致与唐代学校所设置的课目相同。教育机关的负责人——"大学头"，也多是由去过中国的留学生和东渡日本的中国人担任。在京城还设有其他学校，如"阴阳寮"（主要讲授阴阳学、历学和天文学等）、"典药寮"（主要讲授医学、针学和药学等）和"雅乐寮"（主要设音乐、乐器和歌舞等课程），也几乎全是向唐学习来的。

在思想领域，传入日本比较早的儒学此时更加兴盛起来，成为大化改新的指导思想。佛教最早是在6世纪初从朝鲜半岛的百济传入日本的，可是那时只是在奴隶主贵族中间流传，并未广泛推广。大化改新后，佛教传播的速度加快，天皇发布了兴隆佛教的诏书，设立十师，大力提倡佛教。特别是8世纪后的天平时代，佛教和政治进一步结合。在圣武天皇时期（724～743年），佛教在国家统治中占有极重要的地位。743年日本倾全国之物力、财力和人力在奈良建造了东大寺卢舍那大佛，并一直致力于从中国邀请高僧，或向唐派遣学问僧、请益僧等，直接从中国移植佛教文化。当时佛教已成为日本国教，昌盛一时。在天平时代有所谓南部六宗，平安时代又加两宗，这些佛教宗派的开山始祖，几乎全是从中国请来的唐僧或曾到中国留学的学问僧。他们在日本传播的佛教实际上全是中国化了的佛教。最著名的入唐僧侣有所谓"入唐八家",即最澄、空海、圆仁、圆珍、常晓、圆行、慧远和宗睿等八人。他们在唐朝搜集了大量的佛经、书籍带回日本。

在礼俗制度方面,日本几乎也全是原封不动地照搬唐代制度。818年,嵯峨天皇下诏说:"朝会的礼节、穿戴的朝服和跪拜的礼仪等,不论男女老少,皆按唐的礼仪制度办事。"日本在孝德天皇时,仿照中国皇帝年号,开始有了自己的年号,把645年定为"大化"元年。此外,盂兰盆节也是由来唐学习的学问僧传入日本的。

在天文历算方面,日本从604年开始使用的历法,是从朝鲜半岛百济传入的"元嘉历",后来由于与唐直接交往,日本设立阴阳寮,置天文博士,又从中国大陆引入了"麟德历"(亦称"仪凤历")。公元763年停止使用"麟德历",而改用僧一行的"大衍历"。后来中国的五经历法和宣明历法传入日本,到江户时代也为日本参酌使用。此外,7世纪中叶,日本开始用漏刻器计时,又设占星台、天文台,专门从事天文观测。中国著名数学著作《九章算术》也在这时传入日本,丰富了日本人的数学知识。

文字方面受唐的影响最为明显。长期以来,日本民族多是靠汉文表达思想、感情。古代日本只有语言而无文字,后来中国文字传入日本后,他们就利用汉字来表达自己的思想。当时在日本朝廷做官的"渡来人"("归化人")为朝廷起草文件、诏书全都使用汉文。传说奈良时代从中国留学归国的吉备真备利用汉字偏旁创造了片假名，作为日本文字与汉字夹杂使用。后来平安时代的遣唐僧空海从中国回国后，又依靠汉字草书创造了平假名，逐渐形成了日本自己的文字。由此可知，今天的日本文字皆源于汉字。应该指出的是，当时虽然有了自己的文字，但日本在书写、撰文时还常常完全使用汉字。从7世纪开始，直到江户时代，许多文史书籍均用汉字书写，如《日本书纪》、《怀风藻》、《文镜秘府论》和《大日本史》等。特别是7世纪至9世纪期间，不仅日本上层社会以汉文为主要工具表达思想，就是民间以文字表达思想时一般也多用汉字。这从一个侧面反映了唐代文明对日本影响之深。

在学术思想方面，当时日本也深受唐文化影响。遣唐使、留学生和学问僧们常搜集名著、诗文、佛经等带回日本。根据日僧圆仁的《入唐新求圣教目录》可知，唐代诗人杜甫、白居易等人的作品已传入日本。藤原佐世编撰的《日本国见在书目录》，记载了9世纪末期时日本所存的汉文书籍1579部，共16000多卷，约占中国当时书籍种类的一半。《史记》、《论语》、《易》、《诗经》、《汉书》、《后汉书》、《三国志》等，都已在日本广为流传。在奈良时代以后，一般日本贵族都能写作六朝风格的汉文和汉诗，8世纪中叶编成的日本最古的汉诗集《怀风藻》，就是当时贵族文学作品的代表。当时日本国内，从贵族到一般知识分子，模仿唐诗风靡一时。

8世纪，日本开始按中国史书的编纂方法，用汉文或万叶假名编著日本的历史，如《古事记》、《日本书纪》等。此后，日本又先后编撰了《续日本纪》、《日本后纪》、《续日本后纪》、《文德实录》和《三代实录》，这些书全都是汉文编年体史书，与《日本书纪》合称《六国史》，在日本史学史上具有很大影响。

在工艺美术方面，唐文化深深地影响了日本的绘画、雕塑、佛像、建筑装饰等各个方面。当时日本的雕刻深受敦煌和云岗佛像造型的影响。日本的绘画吸收了唐朝绘画的技法，创作的作品亦是仿唐画法。当时日本塑造的佛像，无论在神态和服饰上，几乎都与唐的佛像没什么不同。此时唐朝的金银平脱、蜡缬（即蜡染）、夹缬和螺钿镶嵌等手工工艺技术都已传入日本。位于日本奈良的正仓院，是8世纪建成的皇家仓库，其中收藏了不少隋唐时代从中国输入的物品，弥足珍贵。其中的金银平脱琴、螺钿紫檀五弦琵琶、银平脱漆胡瓶等物都颇具中亚地区的特色，说明它们是通过中日文化交流而进行的东西文化交流的产物。

在音乐方面，日本也深受唐的影响。8世纪初，日本就模仿唐朝创设"雅乐寮"，教授音乐歌舞，有唐乐师和伎乐师任教，并传入隋唐乐曲100多首。在遣唐使来华时，也常有乐师随行，有的遣唐使臣本人就是音乐家。如9世纪来唐的准判官良岑长松就擅长操琴。日本人藤原贞敏在长安向中国乐师刘二郎学弹琵琶，很快就学会了不少乐曲。后来刘二郎送给他几十卷曲谱，而且把擅弹琴筝的爱女嫁给了他。藤原贞敏回国后担任了"雅乐助"、"雅乐头"等职。吉备真备从唐朝回国时，也随身带回了《乐书要录》10卷和音乐定律的标准仪器铜律管。此外，留居日本的唐人袁晋卿和皇甫东朝等人在传播音乐方面也作出了不少贡献。隋唐时代的音乐、舞蹈传到日本后，深受日本人民的欢迎，广为流传。如中国南北朝和隋唐时期的著名乐舞《兰陵王破阵乐》传到日本后，其乐曲和跳舞时所戴的假面具，一直保存到今天。再有，隋唐时代的许多流传到日本的乐器和舞蹈用具，如笛、琴、筝、箜篌、阮咸、唐琵琶、排箫和伎乐面（假面）、乐谱等至今还保存在正仓院中。

中国建筑技术从隋唐时代传入日本。日本推古天皇执政期间，大量移植、引进了中国建筑的技术和艺术风格，用于建筑自己的宫殿和京城等。这样平城京（奈良）以及后来的平安京（京都）的设计和布局全都是仿唐长安城的模式，甚至连城名也与长安城相似。城内的建筑物、市场布局也与长安极相似。此外，当时日本的许多寺院建筑也多仿照中国寺院建筑，不少寺院的佛殿屋脊两端的鱼尾装饰和三层斗拱的建筑形式皆为唐代建筑风格。

在生产技术方面，日本受到唐的影响颇多。从8世纪开始，日本农民采用水田插秧的方法，一改过去撒播的做法。9世纪中叶，日本政府下令，仿照手推、脚踏和畜拉的各种水车（其中主要是龙骨水车），用于灌溉。为适应农业生产发展的需要，从中国传入了大型锄。此外，许多从中国回到日本的人在各地造桥、植树、凿井和挖沟开渠，这一切都促进了生产力的发展。在采矿方面，也采用了唐的沟掘法，开采金、银、铜等矿产。冶炼技术也仿照中国，被称为"唐锻冶"。当时日本引用唐的生产技术生产的用品名字，也多被加一"唐"字，如"唐箕"、"唐碓"、"唐织"和"唐纸"等。

吉备真备回国的时候，从中国带回了角弓和射甲箭、平射箭，并着手仿造。

日本的印刷技术最早也是从中国传入的。具体时间大约始于奈良时期。其媒介就是入唐留学生和学问僧。他们在中国接触到了大量中国文献、佛经等，并了解了它们的印刷方法，回国后便仿照印刷。

从隋朝开始，中国的医药学传入日本。相传当时日本药师、僧人惠日和福田到隋唐学习汉医学和本草学。他们回国后便运用在中国学到的医药学知识为人治病，收徒授业。隋唐时期，日本形成了"汉方医学"，许多中国医学书籍在日本广为流传（如《内经》、《新修本草》等）。在日本名医丹波康赖编纂的《医心方》中，引用了许多中国已经散佚的唐代医书和药方。此外，鉴真东渡日本后，带去了不少中国草药，并亲尝日本草药，修改、编写本草医书。相传针灸、按摩也是在这一时期传入日本的。

唐朝时中国的数学也传入了日本。奈良时代在大学寮中设有"算道"课目，规定学生必须学《五曹》、《九章》、《云章》、《缀术》、《周髀》、《九司》、《三开重差》等算学书籍。

在民俗、服饰和饮食文化方面，日本也深受唐代影响，如丧葬、阎魔王和地藏崇拜的信仰。祈禳丰稔的习俗和产育习俗等也多受唐代影响。正月饮屠苏酒、端午节饮菖蒲酒以及七夕、盂兰盆节和重阳节习俗都是唐时传入日本的。在服饰着装方面，当时日本人对唐装特别喜爱。701年，文武天皇下诏决定制衣用冠都要仿照唐制，同时宣布服装、鞋袜的颜色和各种装饰也要仿效中国的。中国的饮食也通过留学生和学问僧以及东渡的中国人传到了东瀛。日本宫廷中也常常品用中国饭菜。如803年三月，在桓武天皇为遣唐使藤原葛野和石川道益举行的饯行宴会上，吃的全是唐式饭菜。后来淳和天皇在宴请宾客时也是用唐式烹饪方法制作的菜肴。849年十月，仁明天皇过40岁生日时，嵯峨太皇太后在给他的祝寿礼物中，有24个漆盒，里面装的都是唐式点心。此外，中国羊羹的制作方法，中国面条、荞麦面条、寿面、挂面以及酱类制品也都是在此时传入日本的。

中国的蔬菜、水果，如梨、栗、芜菁、茄子、柑橘和茶也是在唐代传入日本的。

在体育方面，此时的日本也深受唐的影响。围棋、相扑和马球都是这时传入东瀛的。

总之，唐时中日两国之间由于频繁的交往而相互影响，如日本音乐就曾对唐乐发生影响。早在7世纪初，日本音乐就被作为隋宫廷音乐中的一种，唐时还有日本舞蹈家在长安表演。但是由于当时中国文化比较先进，国力雄厚，而日本相对较为落后，所以当中国先进文化传入日本后，使日本社会发生了空前的变化，生产力迅速提高，同时也加速了日本社会的质变，使奴隶制彻底瓦解，9世纪以后便逐渐进入了封建社会。

五 五代宋元与日本的文化交流

1 五代时期中日两国的交往

907年，朱温杀掉了唐昭宗李晔，不久又废黜了唐哀帝李柷，建立了后梁，唐政权就此灭亡，中国历史步入了五代十国时期。这一时期中国政局又走向了分裂，北方有后梁、后唐、后晋、后汉和后周五个朝代前后兴替，南方和山西地区则有吴越、前蜀、南汉、后蜀、闽、吴、北汉、南唐、楚、荆南（即南平）等十国并存。地方割据势力纷争不已，动乱连年不断。此时日本也处在政治转折时期，外戚藤原氏擅权，建立了操纵朝政的摄关制度。从而使中央政权削弱，班田制和租庸调制破坏，封建的庄园制逐渐发展起来。贵族们每天过着灯红酒绿、醉生梦死的生活，丧失了进取心。广大人民生活困苦，不断起来反抗，阶级矛盾十分尖锐。醍醐天皇为了限制贵族的奢侈生活、压缩国家开支，以挽救律令制度的破产，限制中国商船驶日，规定中国商船每隔两年才能来日一次，同时又规定日本船不能随便去中国。虽然从 923 年至 978 年间统治中国江浙地区（以杭州为政治中心）的吴越国王曾 5 次致书日本，要求建立邦交关系，但日本方面始终兴趣不大，只是以大臣名义赠礼、致函，而不派使节，因此在五代十国时期，中日两国始终没有建立正式国交。尽管如此，据不完全统计，在这一时期中国商船到日本进行贸易也有 15 次之多。这些商船掌握在专门从事对日贸易的商人手中，他们利用季节风，每年春夏之季从中国江浙一带沿海出发，秋冬之时再返回中国。这些商船多是吴越国的。他们一般先到九州肥前国松浦郡稍停，然后再到九州北部的博多进行贸易。当时商人还充当了信使，负责捎带中日间往来书信。如 953 年吴越商人蒋承勋曾以吴越王钱弘俶的名义向日本天皇呈进书信，并献上锦、绮等珍贵礼物。

当时从中国输往日本的主要贸易品是香料、药品、锦、绮、书籍、文具、工艺品和珍禽异兽（如孔雀、羊等）；日本运往中国的贸易品主要是砂金、铜、硫黄和木材等。这一时期来华的日本僧人中也有人与中国官方接触。吴越国与日本频繁交往，使中日两国经济往来和文化交流没有中断，具有重要意义。日本当时所需要的历书多是从中国引进的，此外也有其他一些书籍被运往日本。吴越王钱弘俶在读《永嘉集》时屡遇难点，便向天台僧义寂请教，义寂告诉他许多佛经和汉籍散佚在海外，特别是东邻日本。于是钱弘俶派使臣赴日，以重金寻购佚书，结果购得《天台论疏》等佛经多种。这件事说明商船往来中日之间，对中日文化交流起到有益的作用。

五代时期日本的佛僧来中国大陆求法，虽然在人数上已不如隋唐时代多，但陆陆续续仍然有人搭商船来华。如宽建、澄觉、宽辅、长安、宽延和日延等人。这些僧人来华时还往往带着日本书籍和诗文、书法等，其中较重要的有菅原道真和纪长谷雄的诗集9卷和小野道风写的行书、草书各1卷。

日僧来华后多集中在天台山和杭州等地求法、礼佛，少数人亦到过五台山和长安、洛阳的寺院参拜。这一时期来华的日僧一般逗留时间较长，如有一位名叫超会的日僧，直到85岁时，还住在洛阳的一所寺院中，以致连日语都忘了。

五代十国时期，虽然中日两国内部都不是安定、太平的时期，但是两国的文化交流却仍然持续不断。当时中国人对日本的了解超过了前代。如中国僧人从日本僧人口中得知日本也有座圣山——富士山。还知道日本有大量的中国移民，他们以秦为姓。就是在这一时期，中国人首次把徐福出海求仙、东去的地点定为扶桑，从此许多中国书籍开始把徐福和日本列岛联系起来了。

入宋日僧与奝然、荣西

五代十国的分裂局面，持续了半个世纪。960年，赵匡胤发动军事政变，取代了后周的柴氏政权，建立了宋王朝，并逐渐统一了全国大部分地区。宋朝初年，由于国内各项事业百废待兴,经济也处在恢复时期,因此无力承担像唐朝那样与外国广为交往的朝贡贸易的庞大开支,所以对外交往已不如唐朝积极。

宋政权虽然没有唐朝强大,但由于宋初统治者采取开垦土地、兴修水利、限制土地集中等一些措施,使经济逐步恢复起来,国力也逐渐恢复。为了增加政府的财政收入,开始提倡对外贸易。这一时期中国商船驶往日本的不少,关于这些将在后文中阐述。

日本在这一时期采取消极、闭关的外交政策,并不积极谋取与中国建立邦交关系,也没有官方联系。但这一时期两国的交往并没有中断,商人和僧侣的往来起到了桥梁作用。由于商人地位较低,在古代不太受人注意,而僧侣却不然,他们文化层次较高,又多为当权者重视,因此在两国没有正式邦交的情况下,僧人的往来确实起着半官方的作用。当时日本入宋僧人远涉重洋来到中国。据史料记载,北宋时来华的僧人稍有声望者计有20余人;南宋时有名可查的入华日僧计有60余人,他们分属各种教派,但以禅宗为多。其中最著名的日僧有奝(音 diāo)然、寂昭、绍良、成寻、荣西等人。他们到中国的主要目的与入唐僧已经大不相同,他们主要是为了到大陆巡拜圣迹,以使个人消灾免罪,往生极乐净土。这些僧人常常朝拜的圣山主要是五台山和天台山。他们除学习佛法(北宋时有的入宋日僧主要是为学习律宗,回国后以振兴律宗佛教为宗旨,南宋时则主要是为学习禅宗佛教)外,主要是与中国僧人进行佛事交流。由于他们以半官半民身份出现，所以也受到中国当权者的重视。宋朝皇帝经常把他们召到京城接见，有时还赐给他们紫衣和大师称号等。如1004年日僧寂昭曾被宋真宗召见，并被授予元道大师称号，留在中国，圆寂于杭州吴门寺。1072年，成寻来华，宋神宗曾召见了他，并授予善慧大师称号。他参拜过天台山和五台山，71岁时圆寂在汴梁（今开封）开宝寺。当时宋政府还经常提供给入宋日僧衣食住行等各种方便。他们常常从日本带来佛经、佛像以及中国已经散佚的文献典籍。这不仅促进了中日两国的文化交流，而且也加深了两国人民的彼此了解和相互间的友谊。在某种意义上说，他们是民间外交的大使。虽然宋朝时两国僧侣交往的人数不如隋唐，但他们之间的交往已不仅仅是宗教方面，而进一步扩大到文化、思想和政治的各个方面，故意义更加重大。这里拟详细介绍其中最有代表性的人物——奝然和荣西。

奝然（938～1016年），日本平安时代三论宗僧人，俗姓藤原，平安京（今京都市）人。他出身于贵族家庭，父亲是日本的一位高级官员。他幼年时便入奈良东大寺为僧，专攻梵语，并向东大寺东南院的高僧观理大师学习三论宗，向石山寺的元果法师学习密教，后来升到请灯大法师位。

奝然中年时期就立志要到中国五台山朝拜，主要目的是进行个人修行，巡拜佛教圣迹。他曾说过，若是"为修法不来，为修行即来也"。这说明他入宋主要是为了到五台山等佛教圣地参拜。他也曾想参拜过五台山后，再到中天竺（即印度），巡拜释迦牟尼佛的遗迹。

983年八月一日，奝然不顾母亲已年过花甲，毅然带着成算、祚壹、嘉因等6个弟子，搭乘中国吴越商人陈仁爽、徐仁满的商船赴宋，当年八月十八日到达浙江台州（今浙江临海县）附近海面，登陆后即赶赴天台山，参拜了智者大师真身堂寺等地。十月获准入京（今开封），他们一行由台州使者陪同北上。途经扬州时，住在开化寺地藏院，曾专门参拜了鉴真大师的原住寺院——龙兴寺，并礼拜佛舍利、佛牙等。当年十二月十九日到达宋都汴梁。是月二十一日，觐谒宋太宗赵光义。宋太宗在便殿接受了奝然呈献的铃、磬、壶等铜器十多件，日本书籍《王代年纪》和《职员令》各1卷，中国佚书《孝经》（郑氏注）1卷、《孝经新义》第十五（即《表启》）1卷等。宋太宗看后很高兴，命令把这些书籍妥善收藏。由于语言不通，两人只好以笔代谈，奝然虽不善汉语，但他会写一笔漂亮的隶书。当宋太宗向他询问日本风土人情时，他以笔代答说：日本天皇是由一姓家族代代相传，已传了64代，文武官员也多是世袭的；日本从中国输入了大量汉籍，如经书、佛经和《白居易集》等。他还说："日本土地适宜种五谷，只是小麦很少。人们交易时用铜钱，盛产水牛和驴等牲畜，养蚕缫丝业亦很发达，生产绢帛；盛产的黄金、白银常作为贡赋，全部上缴国家。"由于他的介绍，使中国人对日本的了解更深刻和更全面了。宋太宗对奝然的印象极好，当场赐给他一件只有中国高官才能穿用的紫色朝服,后来又授予他"法济大师"称号,这是中国赐给外国僧侣的最高荣誉。奝然一行住在汴梁左街明圣观音禅院。宋太宗为了表示中日友好,以及对日本佛教界的关怀,特别下诏把开宝敕版印刷的《大藏经》1000卷和新译佛经286卷赏赐奝然。这部大藏经由奝然带回日本后,收藏在京都法成寺内,供日本僧侣作为抄写的蓝本。后来由于法成寺失火,此经也被烧掉了。

984年春,奝然带领弟子们参拜了汴梁的大小寺院和旃檀(梵文,即檀香木)释迦佛像后,即赴五台山朝拜,并参观了沿途的佛教名胜。回到汴梁小住后,又到洛阳,参拜了中国最早的寺院——白马寺,并参拜了龙门石窟中的大石佛。在洛阳,他遇到了五代时来华的日僧超会,此人在中国已生活了半个世纪以上,甚至连自己的母语——日语都已完全忘了,他们二人交谈得十分融洽。奝然通过超会了解到了同他一起来华的日僧宽建、宽辅、澄觉和长安等11人的情况。奝然离开洛阳后继续西行,到了陕西长安,拜谒了青龙寺。后来又到中国其他佛教圣地巡拜,前后在中国逗留了3年,直到986年夏,才搭乘浙江台州宁海县郑仁德的商船回到日本。他随身携回的物品,除上述佛经外,尚有由雕佛专家张荣(又名张延皎)仿刻的旃檀释迦像、十六罗汉画像以及宝塔等。其中值得一提的是旃檀释迦像。它是由白檀香木精致雕成的,高5.35尺,据说与佛祖释迦牟尼身长相同,形象逼真,十分珍贵。相传保存在中国的原像原来陈列在印度,后经西域辗转传来。据说前秦时，苻坚命大将吕光西征，从西域龟兹（今新疆境内）地区将此像带回中原。此像遂成为"奇宝"，为中国历代皇帝所珍藏，宋太宗时把它迎入皇宫内的滋福殿。奝然在东京汴梁参拜后十分仰慕，想仿刻一尊迎往日本，得到宋太宗同意，请张延皎仿照雕刻了一尊。奝然携回日本后，将其安放在京都清凉寺内，当时轰动一时，许多佛教徒前往瞻仰，唐招提寺、西大寺还派人前去仿刻。这尊释迦像不仅工艺精湛，别具一格，而且在体内还收藏了大量珍贵文物，有许多是中国佛教徒送给奝然的，后来在修理佛像时才偶然发现其中有一个绢制的人的五脏六腑模型，各器官颜色大小不同，反映了宋朝的解剖学知识，相传是台州妙善寺尼姑清晓、省荣、文庆和余七娘施舍的。此物对研究古代中国医学和宋代的丝织业发展很有参考价值，被日本政府定为国宝，至今仍保存在嵯峨清凉寺中。它是中日人民友好和文化交流的又一历史见证。此外相传在京都清凉寺佛殿奠基时，奝然还把从中国五台山带回的泥土以及他亲手绘制的五台山清凉寺略图埋在基石之下。

988年春，经日本朝廷同意，又派他的弟子嘉因等人乘中国商人郑仁德的返程商船来华。嘉因带着奝然亲笔写的上奏宋太宗的表文，其中表达了他对中国皇帝及人民的眷恋与感激，情感之深，溢于言表。奝然还让他的弟子给宋统治者带去了许多礼品，其中有书法、倭画屏风、泥金画漆器（莳绘）、蝙蝠扇、日本刀、琥珀、水晶、念珠、金砚、鹿毛笔等12项40

类上百件，以及螺钿漆器制品等。其中日本刀、日本折扇和屏风、螺钿漆器等都是中国人喜爱的东西。宋代文学家欧阳修在《日本刀歌》一诗中赞扬日本刀为"宝刀"，说它"百金传入好事手，佩服可以禳妖凶"。

奝然为了安放旃檀木释迦像，奏请朝廷在京都北爱岩山建立了一座寺院，名五台山清凉寺。可惜在该寺建设过程中，奝然和尚不幸于1016年三月十六日圆寂。他的弟子成算向朝廷申请把该寺西边的栖霞寺的释迦堂命名为清凉寺，以安放释迦佛像，此即今天的嵯峨清凉寺。

荣西（1141～1215年）是日本临济宗创始人，字明庵，号叶上房，后被称为千光祖师。俗姓贺阳，生于日本保延七年（1141年）四月二十日。出身于备中国（在今冈山县）吉备津宫的神官家庭。他家是备中国的大族，他的曾祖父担任过萨摩国（今鹿儿岛县）刺史。相传他母亲怀孕8个月，即四月二十日凌晨启明星在天上熠熠闪耀之时，他呱呱坠地了。荣西自幼聪慧伶俐，讨人喜欢，能过目不忘，故人称"神童"。他的父亲名叫季重，为人沉着、稳重而有修养，据说青年时代，曾在三井寺的澄义法师膝下学过佛学。在这种家庭的熏陶下，荣西对佛教也产生了兴趣。他8岁时进园城寺学佛学，11岁时就进入了备中国贺阳郡田进村的救世山安养寺，随密教僧侣静心学习佛学。后来为了进一步深造，当他13岁时，家里把他送到日本佛教名山比睿山，次年（1154年）便在比睿山登坛受戒，正式出家为僧，法名荣西。在这以后的几年间，他一直往返于比睿山和备中之间，主要是在安养寺学习天台宗教义，直到1157年静心和尚去世为止。静心去世后，他又跟随师兄千命和尚学习密教，并由千命授以"虚空藏求闻持法"。传说由于荣西勤学苦练，感动了神佛，屡屡应验。他本来身材矮小，高不足5尺，众人常耻笑他，他内心很是苦闷，便以"虚空藏求闻持法"进行修炼，经过百日祈祷，身高竟长高4寸。当然这只是传说，并不可信，但从一个侧面反映出他学佛的痴心和坚强的意志。他19岁时，又登比睿山延历寺，跟随北谷竹林庵有辨和尚学习天台宗教义，与此同时专心研读《大藏经》，进步很快。当时他在比睿山众僧中已是出类拔萃的人物，无人能与其匹敌，受到人们的尊重。1162年，因比睿山流行瘟疫，他回到了故乡备中国。不久他又投到伯耆国（在今鸟取县内）的大山寺基好法师门下，学习天台宗密教，不久便成为天台密教的第11代法嗣。接着他又回比睿山延历寺，从显意法师受密教灌顶礼。

学无止境。荣西学习佛教的法系很多，但从不满足。早在他21岁学习《大藏经》之时，就产生了要到中国求法的心愿；后来他在大山寺向基好和尚学习天台密教时，又偶然发现了唐小字本《法华经》，非常高兴，遂下决心要入宋巡拜佛教圣地。1167年冬，他辞别了双亲，从备中到镇西（今九州），参拜了宇佐八幡宫神社，然后又去朝拜了肥后阿苏岳（在今熊本县），祈祷西渡入宋海上平安。然后又到九州北部博多津

（今福冈县境内）等待去中国的船只。1168年四月三日，他搭乘宋商房未庸的商船离开博多港。一路顺风，二十四日便到了浙江明州（今宁波）。他先后拜访了广惠寺、四明山等地，并在途中邂逅了一年前来华的日本和尚重源。二人在异国他乡巧遇，激动的泪水不觉流满了面颊。他们两人一起到天台山朝拜。天台山是著名的佛教圣山，佛教天台宗的鼻祖智顗（即智者大师）就是在此山修炼成佛的。他们遍游该山佛教圣迹后，又一同到江西庐山游历了一番，是年五月二十七日返回明州。不久他又到阿育王山参拜了佛舍利。这一切都给荣西留下了深刻印象，使他对中国佛教更加崇拜、景仰，增强了他对中国文化博大精深的向往。本来荣西还打算在中国多逗留些时日，可是重源和尚急于返日，拉他一起回国。在这种情况下，荣西只好于1168年九月与重源一起乘船返日。

荣西此次入宋，只有短短5个月，只是对中国的禅宗作了一些并不深入的了解，但他却看到了中国佛法之盛。此次来华，他得到了《天台新章疏》30余部，共60卷。

荣西回国后，把《天台新章疏》呈献给了比睿山的明云座主，然后便回到备中国传播密教。后来他又应邀到九州筑前国的誓愿寺传授佛学。他在这里一待十几年，直到1187年第2次入宋为止。

虽然禅宗早在唐代就已传入了日本，但后来又中断了。荣西初次入宋时，在明州广慧寺对禅宗有了一些了解，回国后又在比睿山等地长期专心学习、研究天台密教，开创了"叶上派"密法。他在研读日本天台宗高澄、圆仁、圆珍和安然等人的著述中，知道了有关禅宗的一些情况，于是决定再一次到中国去探究禅宗的奥秘。他还听说天台山万年寺禅学大师虚庵怀敞佛法高深，想向其求教，然后再到印度巡拜释迦牟尼的八塔。于是他于1187年三月，怀着巡拜佛教圣地、求取佛法、复兴日本佛教的心理来到南宋首都临安（今杭州市）。当时他随身带着《诸宗血脉谱》和《西域方志》等书。四月，他在拜访临安知府时，请求关照发给他执照，以便取道前往印度。可是他得到的回答是："去印度的道路主要有3条，但均由于贼寇活动猖獗，不能通行，因此目前不能批准前往。"其实是因为南宋政府为了防御蒙古军入侵而主动封锁了边境。是年五月，他便到天台山万年寺，向著名禅宗大师、临济宗黄龙派的虚庵怀敞学习禅宗，后来又随虚庵怀敞一起到了天童山景德寺（在今宁波）。因为他们两人都认为天台宗、密教、禅宗和戒律之间并不相悖，而是互相通融，是一致的，所以两人一见如故，相处融洽、默契。荣西跟随虚庵怀敞数年，学到了禅宗的真传，受了菩萨戒，接受袈裟以为法信，并得受临济宗13代传承图。

荣西在华期间，除了向虚庵怀敞学习禅宗外，也参加了许多密教祈祷法会活动。如应宋孝宗之邀为人们祈祷除灾、驱除瘟疫，果然应验，故深得宋孝宗青睐。宋孝宗曾说："荣西在日本就是一位高僧，曾被授予'叶上'的称号，现在看来他就是叶上千释迦的现身啊!"于是又赐给他"千光大法师"的称号。

荣西在华期间,还积极参与修复荒废寺庙、禅院的工作。他先后捐资修复天台山万年寺的三门两庑、观音院、大慈寺、智者大师塔院和天童山千佛阁等。

1191年7月,荣西搭乘宋商杨三纲的商船,辞别恩师虚庵怀敞回国。临行前恩师曾送给他僧伽梨,作为他得到认可的证明。

荣西回国后,没有立即回到家乡和京都,而是应邀到筑前(今福冈县)新建禅院富春院,向弟子们传授如何坐禅修行。此后又在九州北部建立了报恩寺、圣福寺等禅宗寺院,并在报恩寺举行菩萨戒的布萨(即半月一次的说戒忏悔仪式)。报恩寺是日本的第一座禅式寺院。荣西在九州一住5年,为禅宗在九州的发展奠定了基础。当时由于禅宗在日本刚刚兴起,势力还赶不上天台宗。天台宗僧侣对禅宗的发展非常嫉妒。长崎僧人良辨,看到荣西在九州发展禅宗非常活跃,生怕他影响自己的利益,便通过比睿山的僧人向朝廷告荣西的状。朝廷把荣西召到内府,进行追问。荣西为此进行了义正词严的反驳,还写了《兴禅护国论》、《出家大纲》和《日本佛法中兴愿文》各1卷,大力宣传兴禅护国理论,以求得到朝廷庇护,但朝廷却在1194年下达了停止禅宗流行的诏令。

由于在京都遭到比睿山天台宗僧人的反对,荣西遂决定离开京都,到镰仓传播禅宗。当时镰仓幕府已经成立,并把以将军源赖朝为首的武家政权的活动中心设在镰仓。源赖朝对佛教各宗派采取一视同仁的政策，荣西来镰仓后极力与幕府将军合作，源赖朝去世后，他主要与第2代幕府将军源赖家以及源赖朝的夫人北条政子交往，得到了他们的支持，他们还皈依了禅宗。于是荣西便成了将军家的祈祷师。

1200年一月十三日，镰仓幕府召集各地大名在法华堂作佛事，悼念源赖朝去世1周年。虽然此时朝廷还没有废除关于"停止弘传禅宗"的诏令，但是荣西还是受到幕府将军的邀请，参加了法会，并担任了导师。接着又在北条政子的提议下，在源义朝（源赖朝之父）的旧居地——镰仓龟谷建造了寿福寺。相传该寺钟楼上挂的铜钟是荣西从中国带回日本的，释迦佛像是由中国匠人陈和卿制造的。荣西是该寺的开山之祖，并经常为将军源赖一家讲授佛法。

1202年，将军源赖家请荣西主持建立京都建仁寺，并捐出自己在京都贺茂川附近的土地作为寺址。1204年该寺建成，荣西为此寺开山之祖。该寺同时设置天台、真言和禅宗三宗，此寺又称天台别院，故天台宗僧人并没有反对。后来建仁寺又得到朝廷的承认，成为"官寺"，由官府进行经营。这样荣西经常往来于镰仓和京都之间，得到了幕府将军和皇家，特别是后鸟羽上皇的重视和青睐，显赫一时。他得到了幕府当权派的崇信，经常应召主持各种佛事活动，并担任导师。荣西晚年还负责重修了奈良东大寺的东塔。此塔为中国建筑风格。在修建中他充分运用了在中国参加修建佛寺、佛塔的经验。1208年，后鸟羽上皇又命他修复毁于雷击的京都法圣寺的九重大塔。在他的主持下于

1213年圆满完成任务，为此得到后鸟羽上皇的赞赏，并赐紫衣，从而提高了荣西在日本佛教界的地位，也为他弘扬禅宗创造了条件。

鉴于荣西在弘扬禅宗方面的功绩，朝廷本拟授予他"大师"的称号，但由于天台宗座主慈圆以"生前便授大师之号史无前例"为由，予以反对，朝廷遂改授荣西为权僧正。后世人仍以荣西为日本临济宗的创始人。

1215年7月，荣西圆寂，终年75岁。他一生著述宏富，主要有《兴禅护国论》、《出家大纲》、《日本佛法中兴愿文》、《斋戒劝进文》和《吃茶养生记》等。他一生弟子众多，著名的如行勇、道光、荣朝和明全等人。

荣西在中日文化交流史上的贡献颇多，影响较大。他是日本佛教禅宗（临济宗）在日本弘扬、传播的第一功臣，为后来禅宗在日本的兴盛打下了基础，致使现代日本人仍对禅宗抱有浓厚兴趣，"坐禅"成为人们修行的主要形式。荣西的另一功绩是把茶种引进了日本。日本虽然在奈良时代已经有茶传入，但当时人们只是把它作为药来服用，并没有形成饮茶习惯。1191年荣西第二次入宋时（也有人认为是第一次入宋时），把茶种带回了日本，首先在九州的佐贺、福冈地区脊振山种植，所生产的茶被称为"岩上（石上）茶"。后来荣西又把茶种送给了京都栂尾山的明惠上人高辨，高辨回京都后就在宇治等地种植，渐渐推广开来，后来又传播到大和（今奈良县）、骏府（今静冈县）等地。因此荣西被日本人誉为"茶祖",脊振山也成为日本的"茶叶发祥地"。荣西把宋代禅宗的建筑形式带到了日本。他在第2次入宋期间,曾参与修复一些佛教寺院、佛塔等,积累了不少有关中国建筑的知识。回国后他参与了一系列佛寺、佛塔的修建,如九州地方的圣福寺、报恩寺、妙德寺、东林寺、德门寺、常乐寺、千光寺,镰仓的寿福寺,京都的建仁寺,奈良东大寺的东塔等,都受到了宋朝寺院建筑的影响。此外,他还把宋朝苏东坡、黄庭坚、张即之等人的书法传到了日本。他也能写一手笔力挺拔、简练有致的黄体书法。

综观上述,荣西在传播宋朝文化上是有很大功绩的,他的名字在日本几乎家喻户晓,人们至今还在纪念他。从这个意义上说他对日本人民的生活和文化都具有深远的影响,是中日文化交流史上一位重要人物。

8 贸易商对中日文化交流的贡献

前面已经提到,宋初统治者为了巩固统治,曾大力提倡开垦荒地、兴修水利、奖励开矿等一系列措施,使经济得到了恢复和发展,社会生产力得到了提高,农业生产比前代有了发展,丝织业、陶瓷业等手工业也比前代有了长足的进步。应该特别提出的是,采矿业比前代更有显著进步。金、银、铜和铁等在数量和质量上都比以前有较大的提高。煤已大量开采,而且已在冶炼中应用。此时在陕北等地已发现石油。此外,当时的造船技术也比以前有了较大的提高，航海技术也有所进步，指南针（罗盘）已广泛使用。宋朝的商业更加繁荣，并出现了纸币和汇票等。这一切都为中国与周边各国的交往提供了充足的货源。当时由于中国北部和西部地区为契丹、党项和女真等少数民族占据，使中国与中亚地区的交通受到阻隔。宋统治者为了增加国家财政收入，便把对外贸易的目标，主要集中在东南沿海地区。于是日本便成了中国商人进行海上贸易的主要国家之一。宋代（包括北宋、南宋）时中日两国虽然没有建立正式邦交关系，但两国的民间交往并没有中断。这主要是由于两国商人进行的海上贸易，沟通了两国的经济、文化和宗教的交往，从这个角度上说，商人之功不可没。据史料记载，在北宋160多年间，中日两国商船往来至少有六七十次，其中绝大多数是中国商船，几乎没有日本商船。其主要原因是当时日本朝廷禁止日本人到海外经商。南宋时期对外贸易比北宋更加繁荣，新的港口和造船厂都比前期增加。当时的泉州、福州、明州（今宁波）、广州和苏州等均是著名的商埠和港口。日本当时正处在平安后期和镰仓幕府武家专政时期，其封建经济和文化也有很大发展，新兴城镇增加，集市贸易繁荣。12世纪中叶，平清盛执掌大权，废除了禁止日本人出海贸易的法令，于是日本商船接连不断地到中国进行贸易，当时中日两国保持着和平、友好的关系。后来幕府将军源赖朝当政，他同样重视中日贸易，并大量引进宋朝货币。当时宋日贸易不仅通过官府（如太宰府鸿胪馆）进行，而且允许宋商直接与地方势力（如庄园主）进行贸易。当时两国交易的商品种类很多，中国输往日本的商品主要是香料，药材，绫、锦等丝织品，以及瓷器、染料、铜钱、书籍和文房用具等，有时也有珍禽异兽如鹦鹉、孔雀等。这些物品绝大多数为日本贵族、官吏们享用的奢侈品和消费品，与广大人民生产、生活无关。日本输往中国的商品主要是黄金、砂金、硫黄、木材、水银、日本刀、折扇、螺钿镶嵌屏风和莳绘（泥金漆）等。

宋朝时，政府提倡海外贸易，当时出海经商或到中国来的外国商船很多。宋代商船一般不大，每艘可乘六七十人，但造船工艺较高，航海知识丰富，故海上航行较前安全，且缩短了航行时间。据文献记载，宋代专门从事中日贸易的商人很多，主要有郑仁德、孙忠、周也昌、朱仁聪、周文德、周文裔、李光、陈文祐、陈一郎等人。他们的商船经常往返于中国大陆和日本列岛（其中主要是九州的博多、平户和今津等港）之间。当时中国商船的出海港主要是明州，其次是苏州（含昆山）。因当时帆船航行主要利用季节风，多春夏前往，秋冬返回。不少中国商人在日本建有自己的住宅，有的人甚至在日本娶妻生子。

当时中国对日贸易仍以江浙地区的明州为中心，主管对日贸易的政府机关是司舶司。司舶司主要管理出入船舶的稽核、收税等，其另一职能是充当官商作用，凡入港船舶装载的货物，首先由其查验、抽税，决定收购什么货物、收购数量多少等，剩余物资才允许进入市场，在民间进行自由贸易。日本的情况也大致如此。每当中国商船在博多入港，先由太宰府检验、采购，剩余部分才允许流入民间。但其实很早以来日本地方当权者和庄园主就已暗地与中国商船从事走私交易了。

两宋时期日本运到中国的工艺品，不管是数量，还是质量，都超过了唐代。如螺钿镶嵌工艺、泥金漆绘工艺和折扇制作工艺，以及日本刀的锻冶技术都是相当高超的。当时运往日本的中国商品除丝织品、香料和瓷器外，最主要的是铜钱。铜钱是人们日常交易的媒介，是一个国家生产力发展的标志和经济结构改变的体现。宋钱大量外流，影响了宋的经济发展，因此宋统治者曾多次下令禁止铜钱出口，但一直不能禁绝。宋钱广泛流入日本民间，几乎成为日本的主要货币，日本朝廷也曾下令禁止宋钱在日本市场上流通，但作用不大。后来宋钱不断在日本大量出土，不仅反映了两国贸易的繁荣，而且也反映了两国经济发展到了一定水平，已有大量产品作为商品提供给市场了。

4 宋文化与日本文化的相互影响

由于经济贸易交往频繁，宋时中日两国佛教僧人互访增多，尤其是日本僧人到中国朝圣、求法（主要是学习临济禅宗），使中日文化交流上升到了一个新台阶。其主要表现有以下几方面。

政治思想方面，日本以天皇为首的朝廷为了抑制豪强势力发展,限制地方庄园扩张,进一步巩固中央集权统治,大力提倡崇尚中国的贤相和名吏。当时在皇宫中悬挂着萧何、张良、贾谊、诸葛亮和魏徵等人的画像;天皇等人读的书也多是描写中国杰出政治家的统治经验以及阐述他们思想的书籍,如《帝范》、《臣轨》以及魏徵所著的《群书治要》等。当时许多人向天皇上谏书,要求限制贵族豪强的横征暴敛与寺院的奢侈腐化,但由于种种原因,这些建议和提案并没有实现,地方势力(庄园)仍在不断扩大和发展。后来武士阶层兴起,并逐渐掌握了实权,建立了镰仓幕府。

镰仓幕府将军源氏家族看到过去贵族们推崇的佛教宗派已经衰败,僧侣腐化堕落,便转而崇拜在中国正在兴盛的禅宗。在幕府的支持下,许多禅僧入宋求法,或者邀请中国禅僧赴日讲学,形成了"武家热心学禅"的局面,禅宗随之也就成为"武家佛教"。

镰仓时代,朱熹的学说,即"朱子学"传到了日本,其传播媒介就是中日两国的禅僧。1214年,日本禅僧圆尔辨圆携带朱子学派的书籍回国。后来又有通晓朱子学的僧人东渡扶桑,遂打下了朱子学在日本传播的基础,并渐渐取代、融合了旧儒学,形成了日本的朱子学,对后来,特别是江户时期的学术思想产生了深远影响。朱熹认为精神先于物质而存在,"理"是产生天地万物的本源。日本来华僧人把禅宗和朱熹的理学结合在一起,主张"灭人欲",而专心修养,以达到"诚"的境界。这一点正适合日本幕府的统治，故他们愿意接受这种理论，而大力提倡之。在思想方面，尤其人生观方面，日本人引以为豪的"忠勇"、"忠孝"其实是受中国的儒学思想（包括朱子学）的影响，"武勇"，即视死如归的精神则源于禅宗的生死如一。

科学技术方面，宋朝时中国的医药学陆续传到日本。在中国医学的影响下，日本此时也有了自己的新医书。如日本医生丹波康赖受孙思邈的《千金方》等书影响，在984年编写成《医心方》30卷，其中主要摘录了中国医书中关于内科、外科、妇产科、小儿科、针灸科和眼科的学说。当时日本著名医生和气时雨学习、利用中国医术为人治病，很有名气。他曾担任皇室的侍医，并曾担任针博士、医博士和典药头等职务。由于他医术高超，深受人们欢迎，故有"和扁鹊"（和即为日本，扁鹊是中国春秋时期的著名医生）之称。此时不少宋朝的医学著作传到了日本，如《太平盛惠法》、《和剂局方》、《洗冤集录》等。宋朝著名法医宋慈的《洗冤集录》，是世界上第一部法医著作，价值颇高，特别是对验尸的方法和各种外伤致死的原因以及各种毒药的用法等，都有独到之处。这部书的传入，对日本的医学发展影响深远。宋医元房到日本行医30余年，曾任镰仓幕府将军的侍医。日本僧人木下道正入宋，学会了中国制作解毒丸的方法。当时还有不少中药传入日本，如麝香、金益草、银益丹、紫金膏、巴豆、雄黄和朱砂等。

饮茶之风在宋代社会上已经很盛，佛寺中僧侣坐禅也多用茶来提神，消除困倦。荣西从中国带回茶种，在日本推广种植，并提倡饮茶，影响直至今日。

日本的陶瓷业开始较早，在奈良和平安时期已相当普遍，但自从由宋引入新的制造陶瓷技术后，日本的陶瓷业提高到了一个新水平。其主要表现在"濑户烧"（今日本爱知县濑户市及其附近地区生产的陶瓷器）的发展和普及上。"濑户烧"最早的发明者名叫加藤藤四郎，他于1223年搭乘商船来到中国，学习烧制陶瓷的技艺，一直在华住了5年，学得了一手烧制陶瓷的好手艺。1228年，他回到了日本，在山田郡的濑户村（今爱知县濑户市）试着用在中国学到的技术烧制陶瓷。由于这里的土质较好，故一举成功，后来就在此建窑进行大规模生产。他的后代子孙也从事制陶业，遂使这里成为日本的陶瓷生产中心。

宋朝的建筑比前代有了新的发展，突破了隋唐以来传统的对称式布局，在设计技巧上也有新的发展，建筑与园林相结合，这些都影响到佛教寺院建筑风格。这种建筑风格随着两国僧人和商人的往来，也影响到了日本，形成了中国建筑式样传入日本的又一个新时期，在日本建筑史上占有重要位置。宋朝传入日本的建筑式样主要有两种，一种称为"天竺式"（即印度式），另一种称"唐式"（即中国式，"禅宗样"）。应当指出，不管是天竺式，还是唐式，全是由中国传去的，也就是说这里的天竺式也并非原来的天竺式，而是经过改造了的天竺式了。据说最早把天竺式传入日本的是日僧重源。他曾先后3次入宋，其主要目的就是学习、研究中国建筑。相传他还把日本周防国（今山口县）的木料运到中国明州，用以修建阿育王山寺院的舍利殿。回到日本后，朝廷曾命令他负责重建毁于战火的奈良东大寺。他在修复东大寺过程中，曾运用在中国学到的建筑技术和中国的建筑材料（如漆、丹彩和石料等），同时还从中国请来工匠参加修复工作，如中国的铸工陈和卿就曾参加了铸造卢舍那大佛的头部工作。最早在日本推广唐式建筑式样的应首推日僧荣西。他曾出资施舍并参加修建中国的禅宗寺院。他也曾从日本运来木料修建明州天童山的千佛阁。回到日本后，他曾先后在九州和本州岛上建筑了许多唐式寺院，从而掀起了修建唐式禅寺的高潮。在镰仓幕府的支持下，他仿照南宋"五山十刹"（在中国江南地区统一由政府管理的15座禅宗寺庙），先后在镰仓和京都修建了日本的"五山十刹"。宋朝东渡日本的僧人，如道隆、正念和祖元等也参加了这些寺院的修建。唐式建筑洒脱简素，对后来的日本建筑产生了较大影响。在"唐式"建筑的影响下，日本固有建筑样式也发生了变化，出现了"和样"（即日本样式）吸收"唐样"的混合式样，后来在日本相当盛行。

宋朝的印刷业发达，毕昇发明活字印刷，使印刷术很快普及，特别是江南一代印刷业尤为发达，来往于中日两国的商人、僧侣等，曾把大量的佛经、文献典籍带往日本，如把宋代雕版印刷的《大藏经》、《太平御览》和《白氏文集》以及大量的儒家书籍运到日本列岛。应当指出，在宋代时，中国书籍已作为商品开始买卖，这样就更便于中国书籍的东流扶桑。宋代时也有擅长刊刻技术的印刷工人东渡，把刻版技术传到了日本，从而使镰仓时代不但兴起了研究宋学之风，而且也开始了雕版复刻的印刷业，这可以说对日本文化的发展起到了巨大的作用。

镰仓时代日本的雕刻塑像的技术，也深深受到中国的影响，不少移居日本的中国雕工，雕刻了大量佛像，并参加建筑寺院工作，在日本传徒授艺，传播了中国的雕刻技术。如中国著名雕刻匠陈和卿，就参加了东大寺的修建工作，相传东大寺南大门的石狮就出自他手。他还参加指导了镰仓大佛塑造和为幕府将军源实朝制造大船等工作。

在纺织方面，宋朝的丝织技术也传到了日本，在此基础上日本创造了"博多织"的技术。

工艺美术方面，宋代的绘画、书法大量流入日本，并产生了深远影响。宋朝绘画艺术手法多样，笔法细腻，追求个性表现，许多作品是反映现实生活的，很有感染力。宋画东传扶桑，或中国画家东渡日本，使日本出现了欣赏、学习宋画的热潮，也使日本出现了既保存日本民族风格又吸取宋代画风的诧磨胜贺新画派，并为武士阶层所推崇。同时在禅宗思想影响下，日本出现了色调清淡的水墨山水画。访问过中国的日僧，在回国时均携带宋朝著名禅师的画像，证明自己是中国某名师的门徒，因之中国的肖像画也传入到日本，并且盛行一时，使日本肖像画水平有所提高。在书法上，宋僧带到日本的宋代苏、黄、米、蔡的书风，也深深地影响了当时的日本人。当时有的日本书法家学习王羲之的笔体写出的作品，连中国书法名家也鲜有相比者。

文化交流是相互的，影响也是相互的。宋代时中国文化比前代虽有了新的发展，但此时日本文化也同样有了长足的进步，比起中国来总体上虽有一定差距，但在某些方面已经赶上，甚至有的还超过了中国，反过来又影响中国，表现在许多原来从中国传去的技艺，经过日本人的消化、改进，生产出来的工艺品又反过来向中国输出。如奈良、平安时期形成独具日本民族风格的莳绘和螺钿镶嵌品，在宋朝时已成为日本向中国输出的工艺品，深受宋人欢迎。相传宋代皇宫中就珍藏着莳绘屏风。

日本人创造了折扇，并在扇面上绘有各种图案，深受人们欢迎。当时北宋首都汴梁大相国寺内，就有人出售日本折扇，上面画着山水、人物、鸟兽等图案，时人称赞说："意思深远，笔势精妙，中国之善画者或不能也。"当时日本的冶金、锻造技术亦很高，生产的日本刀深受宋人欢迎和赞赏。此外，经过唐末、五代时期的多年战乱，许多文献典籍遭到焚毁、散佚。但由于过去输往东瀛的中国书籍、文献颇多，并得到了妥善保存，此时又由僧人和商人带回中国，这可以说是宋朝中日文化交流的一个新内容。

宋朝时中国人对日本有了进一步的了解。在古代中国人的头脑中，日本不过是一个岛夷小国、蛮夷之邦。唐朝时中国人了解的日本人也是仅仅知道他们读中国经史、好诗文、举止文雅、懂得礼貌而已。但到宋朝，人们对日本的了解就更详细具体了。特别是由于民间交往的增多，中国人已改变了过去的认为日本是"蛮夷"的看法，而知道日本是一个风俗淳朴、物产丰富的岛国，人们能诗善文，许多人擅长中国书法、绘画，并且颇具自己的特色，深为人们喜爱。此外，日本语言传到中国，并收入中国典籍之中，据说也是从宋朝开始的。由此可见，宋朝时中日文化交流比前代更加广泛和深入了。

元日战争与贸易

1271年，蒙古铁骑踏入中原，在大都（今北京）建立了元政权，并先后于1227年灭掉西夏国、1234年灭掉金国，最后于1279年灭掉南宋，统一了中国。

蒙古军队在此前后西征东讨，铁骑席卷中亚、西亚和欧洲的许多国家。1230年蒙古兵大规模进攻金国，次年又派兵侵入高丽，并于1259年彻底征服了它。元世祖忽必烈为了离间高丽、日本和南宋的关系，决定要各个击破，首先征服朝鲜半岛，然后再征伐日本，最后征服南宋。

当时日本正处在镰仓幕府后期和南北朝前期。此时镰仓幕府通过法律明确规定了上下等级和国家的集中统一制度，反映了新兴武士阶层的意志和愿望，加强了国家防御力量。

忽必烈称帝之后，曾先后于1266年、1268年和

1271年几次遣使赴日，企图胁迫日本归顺。特别是1271年，忽必烈任命秘书监赵良弼为国信使赴日，当年九月到达博多。赵本来想到京都递交国书，但日本太宰府拒不应允，要求他就地交出国书。赵先是拒绝，经过反复交涉，最后交出了国书副本，但日本当局并未作出任何答复。在这种情况下，1272年初，赵良弼只好返回高丽。次年，他又去了一次日本，仍然徒劳而返。于是忽必烈在1274年十月中旬，派兵15000人（一说32300人），分乘900艘战船向日本进发，经对马、壹岐两岛，到达九州肥前、博多和今津一带，但因元军不习水战，加上日本军民奋起抵抗和遭遇暴风，结果大败而归。接着，1281年五月下旬，元军又分东西两路，共45000人、战船4400多艘，分别向日本袭来，同样又遭到飓风，外加瘟疫流行而失败，死伤惨重。元军大规模地进攻日本，严重影响了中日两国的睦邻友好关系。

忽必烈不甘心失败，还想挑起新的战争，但由于臣下反对，只好作罢。

元日之间，战争只是一个小插曲，这一时期与其他朝代一样，中日民间的经济和文化交流仍进行着，特别是僧侣和商人来往不断。如1299年，元成宗曾派遣江浙僧人一山一宁持国书出使日本，希望与日重新修好。幕府将军北条贞时和宇多上皇对其热情招待，尊崇备至，却不放他返国，也不对元帝的国书作任何答复。元武宗以后，元朝国力开始下降，政治腐败，内争不已，帝位屡易，再加上各地人民不断反抗，元政权岌岌可危，已无力外顾。相反，日本的武士们却乘机活跃起来，在幕府的支持下，先是骚扰朝鲜沿海，进而又渐渐转向中国沿海，开始了历史上"倭寇扰华"的时期。

元朝时中日之间官方关系虽然紧张，但民间往来和商业贸易却很频繁。日本方面由于商品经济发展，贵族、武士生活奢侈，需要从中国进口大量物品，而元政府为了增加财政收入，故对日商来华贸易采取宽容的态度。即使在两国交战期间，日本商船来华也从未间断。据初步统计，自1277年至1364年的87年间，日本商船来元贸易的就有43次。元政府在泉州、广州、庆元（即明州，今宁波市）、上海、澉浦（今属浙江海盐县）设市舶司，负责对外贸易。例如，1277年日商入元，请以黄金兑换中国的铜钱，得到元朝政府的许可，成交而归。次年，元世祖忽必烈特颁布诏书，谕令沿海地方官允许日本商船来华做生意。1279年，又有4艘日本商船入元，互相贸易后返航。总之，有元一代，几乎年年有日船来华，为历朝日船驶华最频繁的时代之一。应当指出，其中有一部分是得到日本幕府特许，为完成某种使命而来的官方商船。其中"天龙寺船"最为典型。所谓"天龙寺船"，就是幕府派船来华贸易，筹集资金，用以修建天龙寺（包括其他寺院、神社），以后成为定例，每年派船来华进行贸易。这种官许商船进一步发展，便成为明朝中日双方勘合贸易的所谓"朱印船"。当时元朝向日本输出的商品，主要有铜钱、元钞、香药、书籍、经卷、文房用具、书画、瓷器、茶毛毡、禅寺用具、金纱、唐锦、唐绫，以及工艺美术品等。日本输入元代的商品，主要有黄金、珍珠、木材、刀剑、硫黄、铜、扇子、描金漆器和螺钿镶嵌品等。相对而言，元朝商船赴日贸易的较少，往来中日间进行贸易的商船绝大多数为日本船。

6 僧侣往来与文化交流

可能是由于元日战争的影响，元朝时中国僧侣东渡日本的比前代减少。可是在有元一代也确实有一些高僧东渡扶桑，其中主要代表有一山一宁、清拙正澄、明极楚俊和竺仙梵仙等。他们在日本主要以京都和镰仓的五山十刹为活动中心，弘扬佛教禅宗。由于他们的工作，使日本的禅林制度更加完善。同时他们在日本禅僧中进一步宣传了中国文化的博大精深。因为赴日元僧博学德高、很有修养、能诗善文、书法高超，儒学功底很厚，绘画技艺娴熟，又能专心于禅学，直接给日本佛教文化以润泽。他们精心培养弟子，深受日本僧众乃至当权者的欢迎和尊崇。

由于赴日元僧的激励，促使不少日僧纷纷西渡入元求法。他们多乘贸易商船成伙结帮而行，有时多达数十人结队入元，使两国佛教文化交流再掀高潮。据史料记载，入元日僧有名可查的就有220人之多。这些日僧克服各种困难来到赤县神州，主要目的是为了巡拜禅林、习研禅道、继承中国法统。日僧在华主要活动中心是天目山中的禅寺。此寺的高僧中峰明本是入元日僧最崇敬的人物，跟他学习禅学的日僧有十几人。其次，雪窦的贤圣寺、道场的护圣万岁寺、杭州的万寿寺、虎丘的云岩寺、蒋山的灵谷寺、淄岩的开善寺及净慈的净慈寺等，也是入元日僧向往的巡礼之地。这些入元日僧全属禅宗僧侣，其代表人物有可庵圆慧、圆尔辨圆、龙山德见、远溪祖雄、复庵宗己、古镜明千和中庭宗可等人。他们回到日本后，在传播佛教禅宗和中国文化方面作出了巨大贡献。首先，他们把自己在中国受学师僧的语录和大量有关禅宗的典籍带回日本，成为日本禅学的理论基础。其次，他们把元版《大藏经》和《普宁藏》带回东瀛，丰富了日本佛教经典。入元日僧回国后，把中国禅林制度照样搬到日本。如他们仿效中国五山十刹制度，也在日本的京都、镰仓建立了五山十刹；同时仿效中国南宋在各地设立报恩寺以及隋代在各地建立舍利塔的制度，也在日本66州2岛的各国设立了安国寺和利生塔等。

入元日僧一般都要在华生活多年，不但学习禅宗，而且对中国儒学、诗琴书画几乎样样精通。他们回国后，除了传禅外，也成为传播中国文化的骨干和中坚，往往他们所在的寺院就是传授中国文化的中心。他们在传播中国文化方面，具体表现在以下几方面：

学术思想方面，他们除具有很高禅学修养外，还兼通儒学，特别是宋学（即朱子学），因为禅宗本身就与儒学相互通融，比较接近。当时在日本，往往高僧便是大儒，如高僧虎关师炼，是日本宋学的先驱者，造诣很高。高僧中岩圆月也是当时有名的儒学家。入元日僧对日本文学史的发展也作出了杰出的贡献。著名的"五山文学"就是元朝时中日文化交流的结晶和杰出的代表。不少入元日僧在元学禅之时，就很注意学习、掌握汉语和中国诗文。入元后，他们遍游中国名寺古刹、圣山古迹，熟悉中国的民情民俗，这对他们提高汉文学的修养很有益处。他们回国时，带回了大量宋元诗文集和其他书籍，从而扩大了中国文学对日本的影响，促进了"五山文学"的形成和繁荣。在禅文学的影响下，日本引入了宋元口语体文学，又促使日本在镰仓时代以后形成了禅家口语体文学。

书画美术方面，入元日僧在中国深受宋元书法和绘画的影响，他们从中国把大量的书画及禅宗罗汉像与禅僧的肖像带回日本，使宋元书画那种潇洒、雄浑和清雅的风格得到弘扬、传播。与此同时，日本也出现了一批擅长禅宗画风的画家，主要代表人物是雪村友梅和可翁宗然等。

印刷事业方面，入元日僧在华目睹甚至亲身参与了当地出版、印刷事业，积累了丰富的经验。回国后，他们大量翻刻佛经和各种佛教典籍、诗文等。再加上从元代后期起有许多中国雕版、印刷工匠（如俞良甫、陈梦荣等）东渡扶桑，从而使日本的雕版印刷事业更加发展。

民俗、饮食方面，入元日僧把中国饮茶方式，即"唐式茶会"传入日本，在禅宗寺院和武士阶层中广为流传，后来被发展成为"茶道"。此外，这些日僧对饮食文化的交流也有巨大影响，相传豆腐的制作方法以及其他23种豆制品（酱油、豆酱、油炸豆腐、豆豉和腐竹等）的制法均是由入元日僧传入日本的，馒头最早也是由日僧龙山德见传入日本的。相传龙山德见在浙江学习禅宗时，结识了一位叫林净因的世俗弟子，后来林随龙山德见东渡，先后在博多、奈良等地制作馒头，称"奈良馒头"。为了适应日本人的口味，他还制作了豆沙馅包子。后来他改姓盐赖，后代一直在京都经营此业。至今每年4月18日，日本经营饮食、糕点界的人士在奈良纪念他的神社举行朝拜仪式。

此外，日本武家礼法也深受入日元僧清拙正澄的影响，吸收了禅宗严谨礼法的精髓。

六　明朝与日本的文化交流

1368年，朱元璋建立明朝，接着又派兵攻下元大都（今北京），把蒙古贵族赶回大漠之中。早在1338年，足利尊自任征夷大将军，带兵攻下京都，建立室町幕府，并废黜了后醍醐天皇，另立后村上天皇。后醍醐天皇南逃吉野，再建朝廷，史称南朝，在京都的朝廷则被称为北朝，互相对立。1392年，室町幕府第3代将军足利义满带兵打败南朝，统一日本，从而结束了长达60多年的南北朝分裂局面。这一时期许多封建庄园领主（即守护大名）纷纷破产，大批武士也因此失去家主，破产流亡。他们往往与海盗商人勾结在一起，骚扰、掠夺朝鲜和中国沿海地区。

朱元璋建立明朝后，就派人到周边各少数民族地区和国家进行告谕，希望他们派使臣前来祝贺、朝贡。

明朝前期大约与日本南北朝后期至战国时期相当，这一时期中日两国经过共同努力，恢复了正式的邦交关系。此一阶段主要以勘合贸易维系着彼此关系。明朝后期，政治腐败，阶级矛盾激化，内乱外患接连不断，最后为李自成领导的农民起义军所推翻，清军趁机攻入山海关，入主中原。日本战国时代后期，诸侯混战，农民反抗时有发生。1573年，织田信长起兵灭掉室町幕府。1590年丰臣秀吉统一全国。1603年，德川家康建立了江户幕府。在这一百多年间，明日关系恶化，勘合贸易停止，日本当局进而怂恿倭寇勾结中国海盗共同袭扰中国沿海地区，杀掠无辜百姓，给中国居民造成了严重灾难。

早在元末明初之际，倭寇就开始在中国沿海各地出没。永乐十七年（1419年），明朝总兵刘江率领明军在辽东望海埚地区歼灭了全部登陆倭寇，打击了他们的嚣张气焰，加之进行勘合贸易，故局势相对稳定。到了嘉靖年间，日本人已不满足有限制的贸易，转而改用武力抢掠。他们与中国海盗商人相勾结，使中国沿海地区倭患达到了高潮。他们烧杀淫掠，无恶不作，激起了中国军民的极大愤慨，他们相邀抗倭，保卫家乡，最后在爱国将领戚继光和俞大猷等人领导下，击败倭寇，基本荡平了倭寇之患，使东南沿海地区重新安定下来。可是时隔不久，日本的"关白"（关白乃丰臣秀吉的官衔）丰臣秀吉极力对外扩张，发动侵朝战争，并想以朝鲜为跳板，进一步侵略中国。中朝人民共同抗日，在中朝军队的沉重打击下，侵朝日军最后遭到了失败。此时日本当局欲重新修复邦交，未果。

1. 明初中国与日本足利幕府的交往

明初洪武年间，朱元璋曾4次遣使赴日，主要是与盘踞九州的（南朝）征西将军怀良亲王交涉，其目的是通知日本，元已被明推翻，大明帝国建都金陵（今南京），希望其尽早称臣纳贡；另一个目的是希望日本当局，立即禁绝倭寇侵扰中国沿海地区。但均被怀良亲王阻拦，部分使者并被杀害。后来经过明使赵秩的抗争，怀良才改变态度，1370年派遣僧人祖来出使中国，到南京奉表称臣，贡献马匹及方物，并且送还了从中国掠走的70余人。次年，朱元璋派遣僧人仲猷祖阐、无逸克勤为首的八人使团护送祖来归日，使臣在博多登陆，被占领九州的今川氏所留。1372年，幕府将军足利义满派人将他们迎入京都。义满在会见明朝使臣时表示，待日本局势稳定，即与中国建交。1374年，日本南北两朝同时遣使随同祖阐至南京。明太祖朱元璋接受了幕府将军的表文和贡品，而回却了南朝使臣的贡物。朱元璋对怀良亲王扣留中国使臣和不愿制止倭寇侵扰一直很恼火，总想兴兵讨伐，但鉴于当年元军征日之覆辙，而终未妄动。1386年，朱元璋又以左丞相胡惟庸指使宁波卫指挥林贤勾结怀良谋逆之罪，兴起大狱，从而更对日本不满，下令加强海防，实行海禁，抗击倭寇；后又撰写祖训，命令子孙永世不与其往来，致使与日本的交往停止。

足利义满于1392年统一南北两朝。1394年自任太政大臣，而把幕府将军的位子，让给其长子足利义持。不久他又削发为僧（法名道义、道有），但始终掌握着大权。1398年朱元璋病逝，其孙朱允炆（即明惠帝）即位，明日关系开始松动。1401年，足利义满派日商肥富与僧人祖阿为正副使,持国书来华,晋谒明惠帝,表示愿与明通好,并献上贡物。次年,明遣僧人道彝天伦、一庵一如为使赴日。八月初,中国使团到达兵库(今兵库县),足利义满亲自将他们迎入京都。九月初,在北山殿举行了隆重的接见仪式。足利义满以日本国王的名义向明朝称臣受诏,并决定缉拿倭寇交给中国。明成祖朱棣夺取政权后,足利义满又派遣坚中圭密为正使,率300多人的使团来到南京,上表称臣朝贡。次年夏,明派赵居任为正使赴日,在京都向足利义满颁赐诏书与金印、冠服,仍以"日本国王"称之。足利义满全部接受了。双方商定今后日本十年一贡,人数限制为200人,船限制为2只,从此开始了勘合贸易制度。1408年,足利义满病逝,其子足利义持遣使赴明报丧,成祖永乐帝遣使往吊,赠谥号为"恭献",又封足利义持为"日本国王"。次年,日使入明谢恩,但当明使于1411年至日时,足利义持却反目相待,不许其进京。从此以后20多年,日本不再遣使来华,倭寇遂又作乱。成祖虽曾遣使斥责,但日本方面并不理睬。这时九州地方势力萨摩国(今鹿儿岛)的岛津氏遣使赴明,上表请求称臣朝贡,成祖许之。1428年足利义持去世,第2年其弟足利义教继任幕府将军,表示愿意恢复与明的邦交关系。1432年他派遣使臣至明,上表朝贡,年号也用中国宣德纪年,因此受到明宣宗的款待,并赐衣物、钱财。1434年明宣宗派使臣赴日,受到足利义教的欢迎,双方正式恢复了勘合贸易。从1425年至1521年,明日之间保持着友好合作的关系。日本在这一期间大约共派遣明使团8次，平均每10年1次；但明派往日本的使团仅仅1次。此间日本继续对明称臣，进行朝贡贸易，获得了大量的回赐品，在经济上获利颇丰，倭寇之患相对减少。

2 遣明使与勘合贸易

顾名思义，遣明使乃日本派往中国明朝的使节，明人称其为"日本朝贡使"，历史学家称其为"勘合贸易使"。据不完全统计，从1401年至1549年的近150年间，日本共派出19次遣明使。1403年九月，日本室町幕府将军足利义满派遣坚中圭密为遣明正使，率团来华。他们在宁波登陆，十月至南京，受到明成祖朱棣的召见。坚中圭密呈上日本国书。国书中足利义满以臣下的身份，行属国之大礼；并把明成祖比作为圣君尧舜，为之歌功颂德，从而赢得了朱棣的欢心，同意与日本签订贸易条约，即"永乐条约"，亦称"永乐勘合"。

1404年，明成祖派赵居任为正使赴日时，除带有大量礼物外，还带有方便识别日本朝贡使船标志的、印有永乐年号的"本"字勘合符（这是一种鉴别用的标志，即明与日本官方所持的贸易护照）100道，和"日"字勘合底簿一扇，同时规定每十年一贡，每贡限200人、船2艘，不得携带武器，违者则以盗贼论处。实际上这不过是明政府对日本朝贡贸易的某些限制而已。1426年明宣宗即位，改元宣德。1432年足利义教成为室町幕府的第5代将军。他立即重派遣明使龙室道渊来华，受到明宣宗召见，订立了"宣德条约"，亦称"宣德勘合"。其中规定仍十年一贡，但每贡改为限300人，船3艘。

所谓朝贡贸易，实际是中国与周边国家之间的一种不等价的交换。每次日本朝贡使带来的"贡品"，明政府都要以回赐的名义赏给他们比其价值高出数倍的物品。

日本遣明使船多从离京都较近的濑户内海港口兵库和堺（今堺市，在大阪府内）起航，到中国宁波港停泊。在此地当他们接到明礼部的札子后，遣明正、副使和部分成员，即可从宁波附近的四明驿乘内河船，经余姚、绍兴、萧山、杭州、苏州、常州到镇江，过长江入运河，再经扬州、淮阴、徐州、济宁、天津至通州，然后乘小船，或骑马、驴进朝阳门，住入会同馆，学习觐见礼节。此后不久皇帝在皇宫奉先殿召见他们，并举行各种仪式。

遣明使船前期多由室町幕府控制，而地方藩主和商人多为搭乘经商；到了后期，室町幕府统治削弱，经济困难，失去了控制权，遣明使船转由地方藩主或寺院、神社僧侣控制。当时一切贡品由藩主和寺社僧侣负责筹划，但他们又往往将其承包给商人，从中抽取一成利润作为费用。后来这种船全由商人把持，实际成了一种商船。遣明使团的成员开始由幕府选派，后来由地方藩主和寺社自行选派。遣明使多由高僧担任，他们持国书、贡单，代表日本国王觐见明帝，奉表朝贡。

遣明使团的成员主要有正副使、纲司、居座（即总务）、土官、从僧（秘书）、通事（翻译）、总船头和水手等。遣明船载运的货物主要有铜、金、硫黄、木材、玛瑙和日本特殊的工艺品，如刀剑、扇子、屏风等。他们从中国运回的货物主要是日本上层社会需要的奢侈品和消费品，此外还有铜钱、白金、锦、纱、纻、书籍、文房用具和字画等。

由于勘合贸易获利颇丰，因此日本的地方藩主、寺社竞争激烈。特别是操纵兵库、博多地方大权的大内氏和管辖堺港的细川氏两家，互相倾轧，势不两立。他们不但在国内争夺勘合符，而且在中国港口也互不相让，争斗不已。1523年，两派遣明船在宁波因争贡发生械斗，细川氏的正使鸾冈瑞佐被杀。大内氏正使宗设谦道仍不肯罢休，率领人马追杀细川氏另一使臣宋素卿等人至绍兴府，一路上烧杀抢掠，杀死明朝官民，劫掠宁波、绍兴一带百姓财产，席卷而归。宋素卿被明官府逮捕，死在宁波狱中。由于宁波争贡事件（亦称"宁波之乱"）的发生，明政府废除了宁波市舶司，并下令再次实施海禁。明政府虽宣布"不准只船片板入海"，但无法禁止沿海一些靠从事海外贸易为生的人偷偷地进行走私活动。这些人有的后来成为海盗，勾结倭寇在中国沿海地区杀人越货，造成晚明朝廷心腹大患。例如，最著名的海盗王（汪）直，后来就成了倭寇头目之一。他原来就是航行在日本、暹罗（今泰国）之间从事走私硫黄、丝绸等物的商人。

僧侣往来与文化的相互影响

明朝时中日佛教交流相当频繁,盛况不减前代。尤其是此时僧侣以一种特殊身份,即充当使节往来于两国之间,不能不说是一大特点。据史料记载,有明一代近300年间,日本入明僧侣有114人。其中有人一生曾入明两三次,最多的竟有4次。此时他们来华的目的也与以往不大相同了。他们大多数人是以遣明使身份来华的,除外交活动外,还兼与中国僧人切磋、研究佛理。当然还有一部分日僧主要是为了体验中国禅僧生活,领会中华文明的真谛。这些人在华时间有长有短,各不相同。据文献记载,以遣明使团成员身份入明的僧人有56人,其中任正使者有19人。这些僧人多为五山十刹的禅僧,如日僧祖来1371年由怀良亲王派遣,以遣明使身份来华,曾在南京觐见明太祖朱元璋,向其介绍日本的情况。接着怀良亲王又派遣僧闻溪宣和延用文珪等人入明,但遭到明太祖冷落。室町幕府将军足利义满统一日本后,向明王朝称臣纳贡,也曾派日僧祖阿作为遣明使来华。祖阿原为足利义满的近侍僧,原名叫素阿弥。1402年,他又作为副使入明。1403年,天龙寺僧坚中圭密为正使,禅庵梵云、明空为副使来华,相传呈送明成祖的日本国书都出自他们之手。1432年,天龙寺僧龙室道渊作为遣明正使来华。他原为华人(浙江宁波人),赴日后曾在许多寺院弘扬禅宗佛教。1511年,日僧了庵桂悟一作为遣明正使来华。1547年，日本禅僧策彦周良曾2次入明，明世宗曾召见他，并特赐诗一首。

入明日僧多数汉学造诣较高，能诗善文。其中最著名的是1368年入明的绝海中津和汝霖良佐两人。他们在中国一住11年，绝海中津曾有汉诗文集《蕉坚稿》，受到人们好评，所作的《咏熊野古祠》一诗受到明太祖赞赏。汝霖良佐曾在苏州承天寺和南京钟山同中国高僧一起点校《大藏经》，并在英武楼受到明太祖召见，回答了明太祖提出的各种问题。他们两人回国后，在移植汉文化方面作出了杰出贡献。与他们同时入明的另一位日僧如心中恕亦擅长诗文，其诗集名为《碧云稿》。1386年，日僧鄂隐慧奯渡海入明。他擅长书法，尤工楷书，在华遍访各地禅寺，回国后先后在相国寺、天龙寺弘传禅法，死后被后花园天皇赐号佛慧正续国师。1401年，日僧仲芳中正搭乘明人商船来华。他能写一笔漂亮的楷书，深受明成祖的欣赏，成祖并命他为新钱书写"永乐通宝"四字，一时传为佳话。1434年，日僧湖海中珊随遣明使来华，住在天童山。他曾到各名寺古刹巡礼，专修曹洞宗禅法。他在华一住19年，汉学素养很高，是入明日僧中佼佼者之一。与他同时入明的另一位日僧翱之惠风遍游江南各大禅寺后回国。他擅长诗文，著有《竹居清事》、《西游集》、《德政论》。1453年日僧九渊龙賝和天马清启同舟来华，回国时从中国带回了他们在各地搜集的许多书籍和诗文稿件。他们曾把其中的《劝忍百箴考经》和《清江贝先生文集》等书赠给日本著名高僧兴宗明

六　明朝与日本的文化交流

教禅师瑞溪周凤。九渊龙瘵专攻诗文,他所编著的《九渊诗稿》中,搜集了不少中国诗人的佳作。1467年春,随遣明使船来华的日僧雪舟等（1956年曾被评为世界十大文化名人之一,俗姓小田,日本相国寺僧人）,曾参拜天童山景德禅寺,后来又到北京。他还向当时的著名画家李在、长有声学习中国画的笔墨技巧和晕染方法,他擅长画中国的山水画,水平很高,为人赞赏。例如1463年,明礼部院内一座大堂因大火被焚,重建之后,礼部尚书姚夔（音 kuí）把雪舟等杨请来,让他给大堂的墙壁画了一幅画。姚对他说:"现在外邦来中国入贡的国家有三十几个,可是还没见过有人有这样的绘画水平。况且礼部掌管科举之事,凡中朝名士,没有不登本堂者。每当人们聚会之际,我必然告诉众人,这幅画出自日本上人雪舟之手,连外国人还有这样的高手,难道你们还不该各勤本业,好好学习,以达到这个水平吗?"后来明宪宗朱见深见到雪舟的画,十分欣赏,认为他的画是国之珍宝,并命令他没有皇帝的诏谕不能随便为人作画。由此可见雪舟的画技水平之高。雪舟在中国只逗留了两年便返国。他在中国结交的朋友,纷纷给他送行,并作诗留念。其中一位叫徐琏的文士写了一首送别诗:"家住蓬莱弱水湾,丰姿潇洒出尘寰。久闻词赋超方外,剩有丹青落世间。鹫岭千层飞锡去,鲸波万里踏杯还。悬知别后相思处,月在中天云在山。"此诗反映了中日两国文人、画家依依惜别的深情。策彦周良1501年生于京都,俗姓井上氏。他9岁到京都北山鹿苑寺为僧,拜高僧心翁等安为师,心翁等安为其取名策彦。他从10岁起学习唐诗及《论语》、《孝经》、《孟子》和《庄子》等书。他博学强记,几乎能全部背诵宋周弼编撰的《三体唐诗》。他18岁时,在天龙寺受具足戒。1539年,策彦周良任遣明副使来华,先到宁波,次年春到北京,受到明世宗(即嘉靖皇帝)召见,两人以诗唱和,1542年回国。1547年,周防(今山口县)藩主大内义隆又任命他为遣明正使,率637人来华。他们一行从定海登陆,次年到达宁波。1549年到北京,又被嘉靖帝召见,后于1550年夏返回日本。策彦周良两次入明,不但完成了遣明使的使命,而且与中国僧人、知识分子交往,结下了深厚的友谊。他每次回国都从中国带回大量书籍、佛经,为中日文化交流作出了杰出贡献。他的著作有《初渡集》、《再渡集》等。

当时日僧来华的另一个目的,也和前代一样,把寻求中国高僧、大儒为之撰写顶像赞、塔铭、语录和诗文集序、跋视作非常荣光之事,因此保存至今的赞语、序跋等,均成了研究中日文化交流史的珍贵资料。

与此同时,明朝僧人东渡赴日的也不少。明初之时他们多是奉朝廷敕命东渡扶桑的。如1373年嘉兴府天宁寺住持仲猷祖阐和金陵瓦罐寺住持无逸直勤奉明太祖之命,为朝廷命使,东渡日本。他们从宁波出海,经5昼夜到达九州肥前,后到京都,一住两个多月,并与日本僧人交往,受托删改诗文,撰写诗文序跋。回国时在九州遭征西府怀良亲王拘留很长时间,直到

1374年五月才回到金陵（今南京）。1402年，明惠帝朱允炆派禅僧道彝天伦和一庵一如作为答谢使，随遣明使祖阿出使日本。他们在京都逗留半年之久，与日僧交往密切，深受欢迎。此后还有不少明僧赴日，但多不见记载。据不完全统计，明代入日僧人总共有110多人，为中日文化交流作出了自己的贡献。

有明一代，中日双方僧人的往来，促进了两国文化学术和工艺技术等方面的交流。明僧入日，除外交任务外，主要是为了弘扬禅宗，还常常为日僧撰写题赞、塔铭、行状、语录和序跋等。同时他们往往擅长诗画，这无疑就直接传播了中国文化。入明日僧除学习禅宗外，便是攻读诗文、书画等。这些人回国后，在移植中国文学方面作出了很大贡献。许多人成为"五山文学"的集大成者。他们回国时随身携带着不少文献典籍、诗文绘画，对日本文化也产生了一定影响。

中国的戏剧、音乐也对日本产生了影响。入明日僧把中国的元杂剧传播到日本，与日本固有的田乐、猿乐相结合，创造了集唱、念、乐、舞于一体的能乐和谣曲。当时日本民间流行的傀儡戏，也受到中国民间的"扁担戏"的影响。

在医药学交流方面，僧侣们也作出了巨大贡献。入明日僧从中国带回人参、甘草和麝香等药材，丰富了日本的医药宝库。许多日僧本身就懂得医术，来华后又向中国名医学习，回国后对日本医学的发展作出了新的贡献，有的人还著书立说，成为日本近世医学的中兴之祖。此时日本还复刻了《医书大全》10卷，成为日本出版专门医书之始。

在印刷和陶瓷制作方面，入明日僧也从中国引进了许多先进的技艺。16世纪末至17世纪初，日本开始使用活字印刷，后来又从木活字发展到铜活字。日本第一部用铜活字印刷的图书《群书治要》就是中日朝三国工匠合作的产物。

陶瓷在明朝以前就大量输往日本。明时由于日本茶道大盛，需要的陶瓷器皿大增。遣明使了庵桂悟一带领五郎大夫祥瑞在1511年至1513年入明，学习中国烧制瓷器的方法，回国后在肥前设窑制瓷，很有名气。

明朝时中国也受到日本文化的影响。例如，当时日本刀的锻造技术精良，刀刃锋利，为中国刀所不及，故明人向日本人学习制造技艺。在火器制造方面，日本生产的鸟嘴铳发射快，火力强，命中率也高，常为倭寇所使用。在嘉靖年间，中国人从倭寇俘虏中找到会制造鸟嘴铳的人，向他们学习制造方法，并在中国推广开来。日本的一种叫做"儿罗绒"的织物，在明初时由日本、琉球传入中国，后来明人在杭州等地仿制。

泥金漆和螺钿工艺制作技术原为中国人所发明，唐时传到日本，后来经过日本吸收、改进，制作技法有所提高，水平超过了中国，宋朝时便成为日本向中国出口的商品。明宣德年间，中国漆工、画家杨埙之父到日本学习制作漆器，学会"泥金画漆法"新技术。后来杨埙在"倭漆"的基础上，又有新的发展，因此得到"杨倭漆"的绰号。此外螺钿工艺制作技术也是在明代推广开来的。折扇和屏风是日本的传统特产，宋元时期开始流入中国，明朝大量进口，永乐年间开始普遍使用。这一切都说明，从明代开始，中日两国文化交流的互润现象已开始逐渐显现，日本文化已摆脱片面"输入"的局面，向中国反馈的现象已渐渐出现。

七 清朝与日本的文化交流

自17世纪初期开始，中国东北地方的满族崛起，1616年努尔哈赤建立后金政权，1636年其子皇太极改后金为清，并不断向内地发展。明末由于政治腐败、宦官专权以及土地高度集中，天灾人祸接踵而至，阶级矛盾非常尖锐，终于爆发了以李自成、张献忠为首的农民大起义。1644年春，李自成率农民军打进北京，推翻了明朝统治，不久清军在明将吴三桂的勾结下进入山海关，并很快赶走了李自成的农民军，占领北京，建立清王朝。

日本在丰臣秀吉执政期间，先后于1592年和1596年两次发动侵朝战争，在中朝两国军民的联合抗击下，遭到惨败，其侵占朝鲜和征服中国的如意算盘彻底破产，丰臣秀吉的统治也因此动摇。由于明日战争的爆发，明政府重新实行禁海政策，中日两国中断了正常经济文化交往。1603年，德川家康在江户（今东京）建立了幕府。德川幕府建立之初，也想与中国恢复邦交和勘合贸易，但是由于明朝此时处于内外交困的境地，已无力顾及此事，致使中日两国政府间的关系始终未能恢复。清军入关后，由于各种矛盾错综复杂，广大汉族人民举兵反抗，特别是以郑成功为首的抗清势力长期活跃在东南沿海和台湾地区，使清朝统治者又实行迁海、禁海政策；此时日本德川幕府对清政权也存在着戒心和疑心，故使得清朝前期（1840年前）中日两国始终未建立正式的外交关系，只是到了近代（1840年鸦片战争后），由于外国侵略势力的相继入侵，才被迫与日本建立了正式外交关系。

南明与日本的交往

1644年清军入关以后，除了李自成和张献忠等农民起义军的力量继续存在以外，许多忠于明朝的人，纷纷拥戴明皇室的人（主要是在各地的封王）出面成立新的政权，以继承朱明统治。最先拥立福王朱由崧在南京称帝，年号弘光。可惜弘光政权并未维持多久，南京就被清兵攻占，福王本人也被捕杀。接着，在江南地区鲁王朱以海在浙江绍兴监国，唐王朱聿键在福建福州称帝，年号隆武。他们被清军灭掉之后，桂王朱由榔又在两广、云贵地区称帝，年号永历。这个政权坚持时间最久，直到1661年朱由榔父子被清兵所执，朱明政权才彻底灭亡。

在南明政权与清军对抗的过程中，一些忠于明朝的遗臣、遗民为了赶走清军，光复故土，掀起了轰轰烈烈的反清复明的斗争。为了壮大力量，就要广泛争取外援，他们首先想到的就是日本。不少人利用与日本过去有过贸易关系或私人往来，便向他们熟悉的地方大名乃至江户幕府发出了乞师乞资的呼吁，请求日本派出援兵或援助物资，帮助他们与清军抗争，恢复朱明政权。

据史料记载，南明政权（包括郑成功父子）向日本乞求借兵和物质援助之事大约有十七八次。最早的一次是在1645年底。当时唐王朱聿键的都督崔芝派遣部下到日本，要求借兵3000人。与此同时，唐王的水军都督周鹤芝也派人渡海到九州萨摩国（今鹿儿岛县），希望在那里募兵。但这些人并没有成功，只好空手而归。

1646年，拥立唐王的郑芝龙派部下黄征明、康永宁到日本长崎，请求日本派出援兵。郑芝龙是郑成功的生父，与日本关系很深。他本是福建南安石井村人，18岁时随中国商船到日本九州平户，逐渐成为明、日间贸易巨头，从事海盗营生，并经常骚扰闽浙沿海地区。后来他与松浦藩的藩士田川氏（一说原为中国移民翁氏）之女结婚，生下郑成功兄弟2人。后来他归顺明朝，任福建总兵，并利用其地位和实力，消除了东南沿海地区的其他海盗，成为当时海上最大的势力，控制了沿海地区对外贸易的大权。他动员福建居民数万人移居台湾，并发给他们种子、农具和耕牛，进行开发，势力更加雄厚。当时他拥有军队二三十万人，并以海外贸易的所得作为军费，是一支不可忽视的力量。清军入关后，他先是拥立福王朱由崧，福王被杀后，又拥立唐王朱聿键。这次他派人到长崎向日本请求援兵，就是为了帮助唐王政权与清军抗争。但是日本德川幕府考虑到清军力量很强，万一出兵失败会招来麻烦,所以采取了静观态度,没有给郑芝龙什么答复。郑芝龙私心太重,他抗清只是为了保住个人利益,故当清军向他招抚时,他便投降了。但他的儿子郑成功却矢志忠于明朝,坚决不从其父降清。他以厦门、泉州为基地,积极组织抗清力量,并曾一度率军打到南京城下,震动了北京的顺治皇帝。

郑成功为了抗清复明,与堂兄郑彩、子郑经多次向日本请求援助。1648年,郑成功派遣使臣,带着他的亲笔信件,请求援兵。1651年又派人去日本,希望日本支援物资。1658年,再一次派人向日本幕府将军呈献礼物,并请求援助。1660年他又派张光启赴日借兵。可惜这些乞师、乞资的要求一次也未成功,日本只给了少量军事物资。据史料记载,郑成功曾从日本得到一些武器(如倭铳)、硝铅、硫黄、铁铠、盔甲等。乞师、乞资活动大概延续到郑成功之孙郑克塽1683年归顺清朝为止,前后延续30多年。此外,当时还有一些明朝遗臣、学者和知识分子也曾渡海到日本请求援助。如明臣冯京第偕黄孝卿到日本请求援兵,明末思想家黄宗羲、学者朱舜水等都先后赴日乞师,但均未成功。他们有的悻悻而返,有的留居日本,促进了中日民间的交往和文化交流。

"闭关"与"锁国"时代的中日交往

清朝前期的中国与德川时代的日本均处于全国统

一、局势稳定、社会承平、文化大盛的繁荣时期。

由于种种原因，清朝和日本开始并未建立正常的邦交关系，直到1877年两国才正式建交。在这一段时间内，中日两国尽管受到"闭关"政策的限制，但两国的交往，特别是民间交往和人员往来不仅没有中断，而且比以前更加频繁。表现在经济上，中国赴日贸易商船比前代数量增加，贸易额扩大，文化上交流面更宽、更广、更深。此时日本仍在大量接受中国文化，吸收和使用中国的文物制度。

1. 长崎贸易

1684年，康熙帝颁布"展海令"，大陆商船又重新驶往日本，进行贸易。清政府为了扩大海外贸易，1685年又开广州、漳州、宁波和云台山（今连云港）等4处榷关，开始与外国互市。

当时中日两国统治者彼此并不了解，也不信任，互有戒心，都想摸清对方的情况。日本在长崎专门设置了官员，管理对外贸易。每当中国商船一入港，他们便要船主把自己知道的中国的情况讲述一遍，当场记录下来，然后向幕府报告。清统治者对日本也并不放心，生怕他们与明朝残余势力勾结在一起，作出有害自己统治的举动。1701年，康熙帝听说日本要对清采取行动，非常担心，便秘密派遣杭州织造乌林达莫尔森改扮成商人，搭船到长崎去探听消息。他在日本待了3个多月，才回到宁波。他向康熙帝禀报说：那些消息只是谣传，并不真实，日本人很温和、平静，对中国并没有敌意。这才使康熙帝放下了心，放手鼓励清商进行贸易。由于中国当时需要日本物产，特别是铸钱用的铜，故大体说来，清朝前期康、雍、乾三帝对于中日民间贸易一直采取支持的态度。

德川幕府初期，对驶往日本的中国商船不加任何限制。1635年，由于幕府采取严禁天主教传入的政策，禁止除荷兰和中国船以外的所有外籍船舶入境，同时宣布不允许日本船和日本人擅自到海外远航和经商，所以此时中日两国的交往，只靠中国商船驶往长崎进行的通商贸易。长崎是当时日本向海外开放的唯一口岸。

清政府颁布"展海令"后，中国对日贸易发展很快。1685年，驶日中国船为73艘，1687年就达到115艘，另有载回船22艘。而同时期荷兰驶往长崎的商船，每年只有四五艘，最多时也不超过10艘。由此可见清朝前期，驶往长崎商船之多。据不完全统计，在清朝前期，驶抵长崎的中国商船大约有五六千艘（次），平均每年有30艘左右。清朝时中国输往日本的主要商品是生丝、绸缎、砂糖、书籍以及文房四宝等；而日本输往中国的主要是铜、金、银和"俵物"（即用稻草袋子装的货物，如海参、海带和鲍鱼等水产品）。当时日本处于入超状态，故金、银、铜等贵金属外流量较大。从1648年至1708年，60年间流出的黄金约有2397600多两，白银为374220余两。1662年至1708年，46年间铜的流出量达114498700余斤。日本当局担心长久下去金、银、铜等资源会枯竭，采取限制政策，实行"信牌"（即通商凭照，类似明朝的勘合符）

贸易，限制中国船的数量和金、银、铜的流出量，这就是1715年（日本正德五年）实行的"正德新例"。其中对每年驶抵长崎港的居留地（即中国商人在长崎的住宅"唐人屋敷"）、贸易额、贸易品等都作了详细规定。后来这种贸易一直延续到清朝晚期。

2. 民间的人员往来与中日文化交流

清朝前期中国驶往日本的商船比明朝大大增多，因此这一时期到日本的中国人也比以前增加了。除了大量商人、船员外，还有不少僧侣、医生、学者文士等前往日本。如，1688年到日本的中国人就有9128人。这个数字就是用今天的眼光来看也不算少了，而这一年中国赴日的商船是70艘。现据史料记载，把有名可查的赴日商人、僧侣、学者和医生（乞师人员除外）罗列如下：商人有程荣春、王开泰、费晴湖、沈敬瞻、俞立德（兼书法家）、汪绳武、司马江汉、汪鹏、程赤城、刘景筠、杨西亭、刘太发、朱鑑池、谭竹菴、刘培原、杨启堂、朱柳桥、江芸阁、孙涣村、杨少堂、顾子英、姚鹏飞、伊孚九（兼画家）、郭亭统、沈人长、周岐来（兼医生）、周岐兴、徐舜佐等，僧侣有逸然性融、百拙、净达觉闻、蕴谦戒琬、澄一、易性独立、隐元隆琦、大眉、慧林（独知）、独湛、独吼、南源、独言、良演、恒修、元上、惟一、喝祥、木庵性瑫、慈岳琛、即非如一、千獃性安、高泉性潡、晓堂、轴贤、心越兴俦（东皋）、悦峰道章、灵源海脉、月潭、澹林、大冲、圣垂方炳、喝浪、旭如莲昉、桂国、道木寂传（竹本）、杲堂元昶、大鹏正鲲与伯珣照浩等,学者、画家、医生有朱舜水、黄宗羲、陈元赟(音yūn)、沈燮庵、沈南频、王宁宇、陆文齐、吴载南、陈振先、朱来章、陈采若、沈大成和刘经光等。当时在日本担任翻译的主要是中国人,其中不少人后来加入了日本籍,他们的后代也仍然从事翻译工作,如冯云(林长右卫门的祖先)、陈九官(颖川官兵卫的祖先)、林楚玉(林仁兵卫的祖先)等。当时中日两国有大量因海难事故而漂流到对方的船员,或从事运输的下级水手。他们中有的人虽能在史料中查到姓名,但事迹不多,现摘其要者略作介绍:1826年9月末,日本越前国一艘叫"宝力丸"的货船一行9人,遇风暴漂流到松江府川沙厅(今上海市川沙)海面,船长名叫善右卫门,后被中国渔船搭救到川沙厅。当地官民通过笔谈,得知他们是日本人后,便主动接待、安慰他们。后来这些漂流民经上海、嘉定、太仓、无锡、镇江、南京、嘉兴府石门县和杭州等地,被送到平湖县乍浦港。在南京逗留期间,江苏巡抚曾接见了他们。同年十一月一日,搭乘中国商船返国。次年一月十三日到达长崎。"宝力丸"在华期间受到了良好的待遇,中国官民不但为他们提供食宿和衣物,而且还作诗欢迎他们。如川沙厅同知顾文光写了一首《赠倭国难民诗》,诗序中说:此诗是为你们被难到川沙所作,你们带回日本去,送给你们国王看,他会奖赏你们。日本国航海商民遭风漂失,至我大清国江南松江川沙抚民厅境内,得渔船相救至城中,与之通语,彼此不解。庆幸在这些漂流民中有一个叫市平的人稍知文字,通过笔谈,知道他们于大清道光六年九月九日,装载着海带等货物,由家乡下海,拟贩运到大阪地方出售,船上共有10人,不幸在海上遇大风,漂流10昼夜,到二十八日,船破裂,一个叫永助的人掉入海中淹死了,其余9人乘小船随风逐浪,到三十日,遇中国渔民得救。我在此为官,尽自己所能,勉力抚恤,安顿他们食宿,并赋诗记事。

番舶乘风碧海头,凌波它计怒潜蚪。
三秋爽籁来中土,万里乡心忆故庐。
逐利几忘身是我,重生应以幸消忧。
何如挥手三山去,渺人凭虚不系舟。

此外,另有川沙地方官民4人也赋诗表达对日本漂流民的安抚。

当地还有一位曾去过日本长崎经商的名叫王文元的老头稍会一些日语。他与日本漂流民作了长谈,对他们多方安慰。此外川沙的地方官的女儿还赏给漂流民点心、砂糖。顾文光夫人赠给漂流民每人5个小荷包,作为祝他们一路平安的礼物,同时还送给他们每人一套棉衣。由以上事例,可以看出日本漂流民在中国是受到政府抚恤、百姓照顾的。

同样,中国商船漂流到日本,也受到日本政府和人民的帮助和照顾。如下面所提的得泰船到清水港就是一例。1825年10月24日,得泰船从浙江乍浦港出航,驶向日本长崎,在海上遇到风浪,于十二月三十日漂流到骏河口远州榛原郡下吉田村（今静冈县榛原郡吉田町），第2天被日本人发现。当地长官波津县令小岛蕉园虽患重病，但他很关心此事，立即派人上船，进行慰问。当时日本人要与外国人交往，必须经过幕府批准，而要等到幕府批准下来，不是一天两天之事，所以他不怕风险，决定供给中国船米、柴、水等。他还派人帮助修船，50天后得泰船离开了清水港，开往长崎。逗留期间，骏府知事羽仓外纪，儒官古贺侗菴、野田希一等人与得泰船船主杨启堂、财副朱柳桥、刘圣孚等人经常笔谈，作诗唱和，彼此以兄弟相称，成为朋友。他们除了谈论职业、航海和日常生活之事外，还谈及了不少政治和学术问题。如，双方在交谈中谈到越南、泰国等中印半岛诸国，谈到俄国与中国的商业贸易等情况，谈到清嘉庆与道光皇帝的简况、富士山与天台山的比较，谈到中国江南地区的风光秀美、壮丽，中国食品、绍兴黄酒、中国的水烟袋和烟草的生产、内地风俗、疾病和少数民族的状况、娼妓、日本官员收受外国人礼品的规章、日本的风景和物产，等等，几乎包罗了社会的各个方面。其中最重要的是彼此交流了大量的学术问题。他们说古论今，文史哲无不涉及。

3. 清朝前期中国文化对日本的影响

德川时期日本的各种学派乃至社会生活的各个方面均直接或间接地受到中国文化的影响。正如日本著名史学家内藤湖南所说："日本民族未与中国文化接触以前是一锅豆浆，中国文化就像卤水一样，日本民族和中国文化接触就成了豆腐。"这说明日本文化是在吸取、消化中国文化后形成的,反映了中国文化对日本文化形成的关键作用。

清朝文化对日本文化影响,最深的主要有以下几个方面。

学术思想方面,德川幕府的历代将军均崇尚儒学。第一代将军德川家康就十分重视中国文化,提倡程朱理学,欣赏朱熹提倡、维护的君臣、父子等统治秩序和忠君、孝悌的封建思想,企图改变武士们自战国时期形成的"下尅上"的现象。德川家康本人平时也认真学习《论语》、《中庸》等书,还经常与儒者互相探讨有关问题。在他执政期间,刊刻了不少儒学和史学书籍,为儒学成为日本官学打下了基础。幕府第三代将军德川家光1647年规定,在经筵进讲时,必须用朱子新注。幕府第四代将军德川家纲时,开始与清朝进行文化交流。他与他以后的几代幕府将军都十分尊重中国,称其为"上国",称康熙帝为"上国圣人",对大陆文化非常重视。第五代将军德川纲吉得知康熙帝正在大力提倡朱子学,亲自主编《性理精义》,并下令刊刻明成祖朱棣敕修的《性理大全》等书,非常佩服。他专门在幕府中设立儒官,极力推行儒学。1691年,在他的倡导下,在东京建立了孔庙(即今汤岛圣堂),他亲自题写了"大成殿"匾额,并亲临圣堂讲解《论语》。他还命令著名儒官林道春之孙林凤冈转僧为俗,任"大学头"职。当时儒学(尤其是朱子学)盛极一时,知识分子不学习朱子学就很难做官。1719年,清顺治帝颁布的《六谕》经琉球传入日本，幕府第八代将军德川吉宗阅后十分欣赏和重视，命学者荻生徂徕附以训点，经室鸠巢译成日文，以《六谕衍义》的书名，向全国发行。同时他还命令把康熙帝的训谕《十六条》，以《圣谕广训》的书名付梓刊行。1788年把雍正帝对十六条训谕的敷衍释文附于书后再版，并称颂这些圣谕"实为万世不易的金言"。由于幕府将军推崇儒学，对武士们的影响特别大，此时儒学与佛学脱离，儒者与僧侣分开，从而改变了过去名僧即名儒的现象。儒家的忠君思想深入到武士头脑，为日后明治维新和倒幕运动种下了种子，这是幕府将军们始料不及的。

与此同时，陆象山和王阳明的著述也相继传到日本，在中江藤树及其弟子的推崇和倡导下，逐渐发展成阳明学派。这个学派在许多学术观点上是与朱子学派有分歧的。另外，当时还有一个非正统的朱子学派即水户学派。它的组织者是德川家康的孙子、"御三家"之一的水户藩主德川光囧（音guó）。该学派深受朱舜水学术思想的影响。朱舜水名之瑜，字鲁屿，浙江余姚人。他自幼聪明好学，曾中秀才，但仕途不顺，没有做过什么高官。1644年后，他曾为恢复明王朝到海外奔波，争取军援。1645年他首次东渡日本，争取日方援助未成，后又辗转于闽浙沿海、安南（今越南）和暹罗（今泰国）等国，前后15载，历尽艰辛。1659年，他曾随郑成功军北伐，沿长江西上，打到了镇江、南京等地，战败后东渡扶桑。其实这已是他第七次到日本了，从此他一住20年，直到终老，埋骨于日本茨城县常陆太田市瑞龙山麓（今茨城县太田市）。

朱舜水于1659年来到长崎，日本筑后柳川藩儒臣安东守约因久仰他的道德文章，赶来拜其为师，并把自己俸禄的一半呈给舜水。经他奔走，幕府同意朱舜水留居日本。1665年，朱舜水应水户藩主德川光圀之邀到江户（今东京）讲学，备受德川光圀的礼遇、敬重。舜水终生不忘祖国，身穿明朝冠服，按明朝习俗生活。他于1682年病逝，终年83岁。

朱舜水提倡实学，主张"为学，当有实功、有实用"，反对空谈虚论的学风。他很重视史学，主张以史为鉴。在他的影响下，1672年德川光圀开设彰考馆，搜罗一批学者，如安积觉主持用汉文，按中国史书的体例、文风编著了模仿中国的日本史书——《大日本史》（此书直到1906年才最后完成，安积觉死后，又由日本其他学者继续编撰，前后共经过250年左右，全书共397卷）。在编写《大日本史》的过程中，逐渐形成了以强调尊王贱霸、大义名分为特点的水户学派。朱舜水非常重视教育，一生兢兢业业，为教育学生贡献了一切，从而赢得了日本知识分子的尊敬，人们称他为"朱夫子"或"舜水先生"。朱舜水除把中国学术传给日本弟子外，还把他掌握的科学知识、工艺技术带到日本，把中国有关工程设计、建筑知识、园林建造、农业园艺和医学（如种痘）等知识介绍给了日本人民。可以说他是中日两国人民友好的使者、中日文化交流的桥梁，几百年来一直为两国人民所爱戴和敬重。此外，清初东渡学人陈元赟学识渊博，醉心老庄，能文善武，多才多艺，对日本江户时代文化影响很大。他向日本传播了老庄哲学、公安派诗文、少林武术、赵少昂书法和新陶瓷制作法等。再有儒生沈登伟也曾到日本专门讲解《大清会典》，绍兴退职"师爷"去日本讲解"律例"。其他中国学者，如朱彝尊、吕留良、袁枚、赵翼、戴笠、陆稼书、沈德潜和薛敬轩等也为日本人熟知。

在德川幕府时代，日本出现了一批著名儒学家，如藤原惺窝、荻生徂徕、林道春、伊藤仁斋、中江藤树、赖山阳、斋藤有终、山井鼎等人。他们中不少人设坛讲学，有的人崇尚程朱，有的人阐述陆王，还有的效仿王世贞、李攀龙等人的古文，一时间中国古代经典在日本十分流行。此间他们还撰著出不少解说经书的著作和历史专著，如赖山阳用汉文撰写的《日本外史》，几乎与中国人写的一模一样，在甲午战争以前，中国就已有人进行了翻刻，乃至编写《清史稿·艺文志》时，竟把它误认为中国人的著作。

清朝学者的考据学风，也深深地影响到日本。当时一些反对官学（朱子学）的学者纷纷以考据学与之抗衡。他们提倡"六经即先王之道"，力图复古。这与中国学术界的"宋汉之争"有某些类似之处。清朝的许多学者，如顾炎武、戴震、赵翼和钱大昕等人的著作，经片山兼山和井上金峨等人的介绍，在日本广为流传。到了太田锦城时代，日本的考据学派大体形成。太田锦城受顾炎武《日知录》、朱彝尊《经义考》、毛奇龄《西河集》和赵翼《廿二史劄记》等书影响很大。他非常推崇清朝人写的书，曾说："得明人书百卷，不如清人书一卷。"这一时期日本研究儒家经典很有成就，伊东龟年写了《韩文公论语笔解考》（2卷）、《论语征文》（1卷），入江平马著《经论珠玑》，田龟屿著《论语撮解》，宇野鼎著《论语考》（6卷），安井衡著《论语集说》（6卷），伊藤维桢著《论语古义》（10卷），荻生徂徕著《论语徵》，太田锦城著《论语大疏》（20卷）和山井鼎著《论语考文》等。

商品经济的发展，促进了中日两国民间贸易的繁荣。清朝时书籍作为重要贸易品源源不断地输往东瀛，主要原因是幕府将军们重视文治，对中国书籍格外喜爱。德川家康在受封"征夷大将军"之前，就在江户富士见亭建立了枫山文库（又名红叶山文库）。他非常注意搜集历代文献典籍，尤其注重从中国采购各种书籍。他以后的几代幕府将军也性喜藏书，继续向中国商人订购中国书籍。

德川时代由于町人（即以商人为主的城市市民）阶层崛起，寺庙文化逐渐衰落，日本文化开始走向世俗化，因此以商业为主要通道的汉籍传播形式开始形成。如大阪的著名酒商兼木材商人木村蒹葭堂（木村巽斋）就是著名的藏书家和印书家。至于一些儒学者更是私人收藏着大量汉籍。

当时从中国驶往长崎的商船，几乎每艘都载有汉籍，有时一艘就载有百种汉籍，数量多达几百部。其中除大量学术著作外，还有小说、佛经和碑帖等。据日本学者统计，从1714年至1855年，经长崎输入的中国书籍就达6118种，总计57240册。值得注意的是，除了儒家经典外，许多实用书籍（如科技、医学和音乐书等）以及大量被日本人视为具有"警世"作用的书籍也大量流入日本，其中主要有《算学》、《齐民要术》、《天工开物》、《医宗金鉴》、《唐马乘闻书》、《唐马乘方补遗》和《马书》等。传入日本的小说戏曲和其他文艺杂书数量也多得惊人，主要有《水浒传》、《金瓶梅》、《红楼梦》、《西游记》、《后西游记》、《三国志演义》、《痴婆子传》、《列国志》、《一片情》、《欢喜冤家》、《五代史演义》、《醉菩提》、《古今言》、《苏秦演义》、《白猿传》、《艳史》、《水晶灯》、《归梦莲》、《玉金鱼传》、《西汉通俗演义》、《龙图公案》、《定情人》、《韩湘子》、《狄青演义》、《桃花扇》、《二度梅全传》、《剪灯新话》、《精忠说岳》、《琵琶记》、《好逑传》、《石点头》、《风流悟》、《荔枝缘》、《聊斋志异》、《东渡记》、《玉娇梨》、《西厢记》、《平妖传》、《五色奇文》、《合浦珠》、《笑的好》、《梁武帝西来演义》、《醒醒花》和《笑林广记》等。

相传清朝之时中国出版的书籍，就其种类说十分之七八以上都传到了日本。有时中国一种新书问世，不出几个月就可以运到日本，并且日本会迅速用训点（即标上的日文假名）、翻刻、摘抄等方式，使其广为流传。清朝嘉庆道光年间中国的新书运入日本尤为快捷。如《学津讨原》1806年在中国出版，第2年就被运到长崎；《平易法》1804年出版，1811年被运到长崎；《圣武记》1842年出版，1844年被运至日本，1850年日本便出了"和刻本"（即日本自己刻版并在汉字旁边加上日语假名的书）；《武备辑要》1832年出版，1844年被运至长崎；《乍浦集咏》1846年出版，当年就被运至长崎，1848年就出版了"和刻本"；《春草堂丛书》1845年出版，次年被运到长崎；《乡党正义》1841年出版，1847年被运到日本；《临正经验方》1847年出版，当年便被运到长崎；《瘟病条辨》1843年出版，1848年被运到日本；《金石碑板考例》1841年出版，1848年被运到日本；《韵综集字》1841年出版，1849年被运至日本；《海国图志》1847年出版，1851年被运至长崎，1854年便出了"和刻本"。

为了管理好进口书籍的工作，德川幕府还在长崎设立了专门机构，进行书籍检查，以防有关天主教的书籍入境（当时日本"锁国"，严禁天主教流传）。

据说当时中国商船一入长崎港，除了幕府的有关人员外，各地的藩主（即大名）、学者以及商人也都蜂拥而至，争购中国书籍，纷纷打听中国又有什么新书问世。他们甚至指名道姓地打听鲍文博的《知不足斋丛书》出版到哪一集了，袁枚、赵翼和王鸣盛又有什么新著？等等。当时日本的著名藏书家主要有加贺大名前田纲纪，他家藏书尤以法律方面和地方志独具特色，他的藏书成为今天东京尊经阁文库藏书的主要部分。此外，九州平户的藩主松浦清也是有名的藏书家，喜购中国书籍，至今平户还设有松浦博物馆。此外，丰后（今大分县）佐伯地方的大名毛利高标、因嬻（今鸟取县）鸟取的大名池田定常、近江（今滋贺县）仁正寺的大名市桥长昭、幕府大学头林述斋以及大阪经营造酒和木材商人木村巽斋（即木村蒹葭堂）等人也都是当时著名的大藏书家。

宗教文化方面，明末清初是中国僧人东渡的一个小小高潮，给日本的佛教发展以巨大影响。其中最著名者为隐元隆琦（普照国师）和性易独立（戴笠）。隐元曾任福建黄蘗山寺的主持，德才兼备，名闻远近。他1654年赴日，深受幕府将军德川家纲和大老酒井忠胜的尊崇和赏识，特批他在宇治（京都附近）建万福寺，为日本黄蘗宗开山之祖。在宇治万福寺中，仪制法式皆承中国传统方式，念经亦用汉音。日本各地的黄蘗宗寺院和长崎兴福寺、福济寺和崇福寺（即"唐三寺"）都是由中国僧人监工设计，采取了纯粹的明清建筑风格。

中国僧人东渡日本时都携带不少书画，并且其中不少人本身就擅长书法、绘画、雕刻和篆刻，他们亦将之传授给了日本人。还有一些僧人具有较高的医术，他们不但为日本人治病，并且还把高超的医术传给了他们。这方面最典型的是性易独立（戴笠），他不但书法、绘画、篆刻样样精通，而且医术高明，深受日本人爱戴。此外，中国僧人对日本的音乐乃至日常生活都有直接影响。如心越兴俦和尚善操弦琴，他把操琴技术传给了日本人见竹洞。僧人经常食用的唐式点心、胡麻豆腐、隐元豆腐、清豆腐和黄蘗馒头等，丰富了日本人的食谱。同时中国人的烹饪方法和会餐方法，也在一定程度上影响了日本人。

文学艺术方面，中国文学的思想、风格乃至内容，都随时影响到日本，就连纯粹的和文学作品也离不开汉文学的启示。上面罗列的中国古代小说对日本的近世小说产生了直接和间接的影响，有的日本小说就是根据中国小说的故事情节改编的。

德川时期的诗歌也深受中国诗歌的影响。当时在日本，许多人从小就用汉音读中国书，学写中国诗歌，写出了不少佳作。清末学者俞樾曾经编辑过一本《东瀛诗选》，内收日本德川时代到明治初年的日本人诗作4000余首，其中不少诗篇与中国人的作品不相上下。日本著名学者荻生徂徕、服部南郭等人对中国古文和诗词非常尊崇，他们认为李梦阳、李攀龙和王世贞为首的学者取法先秦两汉的主张是十分可取的。1689年，宇都遯庵翻刻了《七才子诗集注解》出版，服部南郭也把李攀龙所选的《唐诗选》进行了校刊并作了日文字解。1814年官版《唐宋八家诗本》出版，同时桐城派的古文也传到日本。在日本非常畅销的书籍还有《古文辞类》和《文章规范》等书。

日本人也很推崇清朝人的诗作，不少清人的作品也流传到日本。如吴应和编的《浙西六家诗钞》，日本人梁川星岩还编了《清六家绝句钞》。

古代戏曲也由中国商人介绍到日本，如《还魂记》、《西厢记》、《琵琶记》、《桃花扇》、《长生殿》和《燕子笺》等曲目是日本人熟知的。中国的商人、船员在长崎经常演出中国戏剧,并请日本人观看。当时演出的曲目有《彩云开》、《九连环》、《烧香曲》、《八仙祝王母寿》、《天官赐福》、《财神》、《团圆》和《私下三关》等。

清朝音乐亦对日本产生影响,僧人心越兴俦赴日时就带去虞舜琴,深受日本人喜爱。

书画及工艺美术方面,明末清初,随着大批中国人东渡,中国书法、绘画和工艺美术等也都东传到日本。黄檗宗僧人的书法尤为出名,隐元、独立、木庵、即非和陈元赟等人的书画给日本人以深刻的影响,深受日人的欢迎,被称为"黄檗流书法"。画家沈南频、王宁宇、伊浮九、俞立德等都在日本很有名气。其中沈南频开创了日本写生画之风;俞立德曾收日本画家北岛雪山为徒,后来北岛雪山又跟僧人独立学画,并把学到的画技传给了细井广泽等人。

德川时期日本人还大量临摹中国的绘画,有的竟达到了以假乱真的程度。如著名的《唐土名胜图会》就是一例。该书刊行于1806年,最早由木村蒹葭堂首倡,由冈田尚友、冈文晖、大原民声等人绘画、编写。该书从中国书籍中临摹有关北京及其周围的城市、苑囿、郊坰和风俗的画图,加以文字说明。它对于处在"锁国"体制下的日本人了解中国是弥足珍贵的。此外,德川时期华风印刻在日本也很盛行。陈元赟到日本后,用濑户土仿安南风格制陶,并绘以诗画,施青白色透明水彩,深受日本人欢迎,称其为"元赟烧"。

医药卫生方面,中国历代有关医药学的著作,几乎在日本都有翻刻本，特别是李时珍的《本草纲目》出版后不久就传到了日本。明清之际，中国医生不断赴日，为传播中国医学作出了贡献。其中较为著名的医生有浙江金华的陈明德。他后来定居在长崎，改名为颖川入德。其次是浙江杭州的陆文斋、李胜先和江苏苏州的吴戴南、周岐来、樊方宜、周维全、赵淞阳、朱来章、朱沛章、朱子章等。其中周岐来是著名小儿科医师，由于他医术高超，深受日本人欢迎，破例被允许走出"唐馆"，在日本人中间行医。朱子章专治疱疮，在日本人中名噪一时。他还把种牛痘的技术传到日本，并收日本人间野春庵和柳如决等人为徒。此外，许多中国医生赴日时还带去不少医书和兽医书籍，如池田正直从独立处得到有关病理的书籍7种、医书6部9卷，其中一部是专门讲种牛痘的《痘科健》。

此外，清朝前期，中国的武术、棋艺、印刷术、博物学乃至农业技术都对日本产生了一定影响。

德川幕府有好几位将军性喜骑射，特意从中国进口良马，聘请驯马师、骑士和射手，教他们射箭，使用藤牌等。如福州的王应如就曾在日本帮助日人"排演阵法"。杭州武举张灿若在日本教习过弓箭。同时中国武术对日本柔道也产生了影响。

中国是围棋的发祥地，下围棋又称"手谈"，后来传到日本。到了清朝前期，日本人的棋艺已经赶上、甚至超过了中国。商人杨启堂和野田希一对弈时说："吾邦善弈者多，而不及贵邦之有法。"

中国的活字印刷从明末传到日本，日本人曾用其法印过"四书"、《太平御览》和多种佛经。

4. 日本文化对中国的影响

学术文化是世界性的,是互相影响、互相反馈的。日本人真诚、持久地学习儒家思想和典籍,取得了不少新成就。同时他们也把其研究成果反馈到中国,并产生了一定影响。

清朝商人是中日文化交流的最好媒介和桥梁。他们不但把中国书籍运往日本,同时也把日本人编著、翻刻或保存的中国早已失传的古籍运回中国。据黄遵宪《日本国志》记载,日本德川幕府时期编著的说经之书有400余种,其中不乏佳作。例如山井鼎所作的《七经孟子考文》一书开日本考据、校雠(音 chóu)学之先河,启东西古籍沟通之机运。此书由商人伊孚九运到中国,对清朝学术影响较大,深受清朝学者称赞,并被著录在《四库全书》之中,流传于华夏。乾嘉大师王鸣盛在《十七史商榷》一书中,曾赞扬日本文学兴盛,学术价值亦高。王晚年寓居苏州,经常能看到从事中日贸易的商人带回来的日本书籍。清朝学者卢文弨受《七经孟子考文》的影响和启示,也从事校刊经典的工作。阮元也深受山井鼎的影响。他最早在扬州江氏随月楼看到《七经孟子考文》,阅后深为该书内容之精细、科学所感动,对山井鼎十分佩服。1797年,在他的主持下复刻此书。藏书、编书家鲍文博客居杭州,经常通过清商汪鹏、伊孚九等人购买日本书籍,如《古文孝经》、《七经孟子考文》和《孔子传》等。后来鲍文博又把他搜集的日本人著述以及中国佚书收录在他编撰的《知不足斋丛书》之中。此书在日本也深受欢迎。

清朝著名学者朱彝尊亦十分重视日本书籍。1664年，他曾在杭州高氏稽古堂看到日本史书《吾妻镜》（又名《东鉴》），视为海外奇书，甚爱之。43年后他才把此书弄到手，并特意撰写了一篇《吾妻镜跋》，记述了此书内容和收藏经过。他死后，此书又转到其好友曹寅手中，曹氏亦对此书爱不释手。他在编写戏曲《太平乐事》时曾参考过此书。曹寅乃《红楼梦》著者曹雪芹的祖父，曾任江宁织造，兼巡视两淮盐漕监察御史、通政使等。曹寅写作戏曲，曾受其舅父顾景星与忘年交尤侗等人影响，很可能尤侗从他家抄写了《吾妻镜》。后来江苏吴县人翁广平所看到的《吾妻镜》，就是从尤侗家借的。由此可见，此书在中国深受重视。

嘉庆年间，日本林述斋所刻的《佚存丛书》19种传入中国，道光年间由阮元重刻，引起中国学术界的广泛注意。清朝从日本输入逸书很多，如黄侃《论语义疏》、孔安国《古文孝经》和宋应星《天工开物》等。

日本人安积觉等著《大日本史》、赖山阳著的《日本外史》能在中国流传，并使中国人认为是中国人所著，说明中日两国学者的不少著作是相互渗透和影响的。

清朝前期，日本文学对中国也有一定影响。最早传入中国的日本文学作品是1794年的《忠臣库》（又名《忠臣藏》)。这是日本戏曲、小说传入中国之始。

其次,日本的歌舞也传到中国。曹寅在编写《太平乐事》第八出《日本灯词》时,除了参考一些必要的书籍外,就是赴日商人、船员为其提供的日本歌舞、民俗等各种情况。曹寅凭其特殊地位,经常能在南京、苏州和扬州等地遇到从事中日贸易的商人,于是商人把他们在日本看到、听到的有关日本的戏曲、歌舞乃至民俗一五一十地向他叙说,这样他才能完成这部剧作。

此外,日本人的饮食也影响到中国人的生活。日本盛产的水产品海带、海参在中国普及和养殖,也是由于这一时期大量进口的结果。

3 中日两国正式关系的建立与中华使节

从 18 世纪末开始,西方殖民主义势力不断向远东地区扩张,一次次冲击着中国、日本等国家的封建体制,强迫这些国家"门户开放",并先后把一个个不平等条约强加给这些国家。如 1840 年英国发动了鸦片战争,战后中英签订了不平等的《南京条约》。与此同时,沙俄、英国的军舰,染指日本领海,法国也把侵略魔爪伸向了越南。1853 年美国东印度舰队的 4 艘军舰开到了日本江户湾(今东京湾)的浦贺,逼迫日本开放门户,与其通商。在这种形势下,中日两国均面临着必须变革的局面。可是由于采取的方法不同,取得的效果也截然不同。1868 年,日本进行了明治维新,一切向欧美学习,并以此为基点,通过自上而下的改革,冲破了国内封建制度的桎梏,走上了发展资本主义的道路,从而改变了日本历史的方向和进程,很快富强起来,并开始向中、朝等邻国发动侵略战争。中日源远流长的友好关系开始破裂,也给两国人民带来了巨大的痛苦。中国由于戊戌变法失败,失去了富国强兵的机会,依然积贫积弱。清政府更加腐败堕落,进一步沦为帝国主义列强的半殖民地,使中国人民陷入了苦难的深渊。

日本明治维新后不久,便决定与中国进行外交接触。1870年,日本派外务权大丞柳原前光、外务权少丞藤原义质等人来华,要求与中国签订条约,进行通商,想步英、法等国之后尘,把触角伸进中国大陆。清政府答应他们次年来华签约。1871年7月,日本钦差大臣伊达宗城来华,中日双方在天津开始谈判。日本想效法西方国家之例,在中国攫取特权,签订不平等的条约;但由于中方代表据理力争,日方目的没有得逞。同年9月,中日双方全权大臣李鸿章与伊达宗城签订了《中日修好条规》和《中日通商章程》,中日双方正式建立了外交关系。但是明治政府对此不满,迟迟不肯正式批准,并借机向琉球(今日本冲绳)、台湾发动侵略战争。

建交后,日本政府派遣外务卿副岛种臣来华,在北京觐见光绪皇帝。此外还派遣了内务卿访华,1875年又任命外务少辅森有礼为特命全权公使,常驻北京,而清政府并未派外交官赴日。当时两国虽然签约建交,但诸多外交问题并未解决，尤其是因台湾、琉球问题关系紧张，再加上中国当时有近万名商人和侨民旅居日本，急需关怀，故李鸿章请求清帝尽快派出驻日使节。清政府1877年一月十五日正式任命翰林院侍讲何如璋为出使日本国钦差大臣，知府张斯桂为副使赴日。何如璋一行于当年十一月二十七日乘"海安"轮离开上海吴淞口，三十日抵达日本长崎。后又乘船经濑户内海于十二月初到达神户，受到了热烈欢迎。该城家家户户悬灯结彩，万人空巷，夹道欢呼，以目睹"上国衣冠"和中国使节。有的日本人甚至不远数百里，扶老携幼，特意赶到神户，参加欢迎行列。何如璋一行先后参观了京都、大阪、兵库等地后，又来到东京，十二月二十八日正式向明治天皇递交国书。不久即选择东京艺山月界僧院为中国公使馆临时馆址，开展各种外交和文化交流活动。在东京，日本政府的官吏、旧地方藩主和学者等，都纷纷到中国使节的驻地拜访，并和中国使馆人员交朋友。当时许多人虽然语言不通，可他们纷纷用笔谈表达彼此感情，沟通心事。这些笔谈至今还保存着，是中日两国人民友好交往的历史见证。

何如璋，字子峨，原籍广东大埔。同治七年进士，入翰林院，从庶吉士授编修，以侍讲身份出使日本。他曾用日记形式记录了他从北京至东京使馆上任的经历。他还写了一本《使东述略》，该书对日本的官制、兵制、学制和财政以及他们在明治维新后学习西方的情况等都做了介绍。他本人也主张中国走维新之路，他后来成为洋务派。他主张中日应该友好，两国应联合起来共同抵御西方列强的侵略，同时他也对日本统治阶级破坏中日友好关系的行为，表示不满。这一点是应当肯定的。

4 留学生赴日高潮与科学文化交流

日本军国主义者为了向外扩张，首先把矛头指向了朝鲜和中国。他们以朝鲜南部爆发东学党起事、中国应邀派兵帮助朝鲜政府镇压为借口，打着"保护"使馆和侨民的旗号，派兵侵入朝鲜，并公开与中国军队开战。这就是历史上所说的1894年7月爆发的中日甲午战争。

1895年初，甲午战争以中国全面失败而告终，中国长期建立起来的北洋舰队全军覆没。1895年4月中日两国签订了不平等的《马关条约》，条约的内容有承认朝鲜的"完全独立"；割让辽东半岛、台湾、澎湖列岛给日本；向日本赔款两亿两白银，后又外加退还辽东半岛的三千万两白银；开设沙市、重庆、苏州和杭州为通商口岸等。应该指出，中日甲午战争是日本政府发动的，也是其"大陆政策"的一部分。通过这次战争，日本把朝鲜纳入了自己的势力范围，为日后完全兼并朝鲜创造了条件。同时，日本通过割取辽东半岛和台湾、澎湖，获取了进一步侵占中国内陆的战略要地，同时也彻底解决了他们吞并琉球的问题。而两亿两白银的巨额赔款，使日本进一步发展了军火工业，扩大了海军舰队，为其资本主义的发展提供了大量资金，加速了向帝国主义过渡的步伐。甲午战争使中日两国从友好交往的关系，转向了侵略和反侵略的关系，发生了根本变化。这次战争也彻底暴露了清政府的腐败无能和外强中干，从此各帝国主义国家更肆无忌惮地侵略中国，掀起了掠夺、瓜分中国的新狂潮。

甲午中日战争也促进了中国人民的觉醒，中国人民从此掀起反帝反封建的爱国主义热潮。一些爱国人士、知识分子纷纷在寻找救国救民的革命道路。他们看到日本经过明治维新，向西方学习、富国强兵卓有成效，因此提出了"要以日本为法"的口号，掀起了到日本留学的高潮。

派遣留学生到国外学习，是国与国之间进行文化交流的最好方式，也是向对方国家学习先进知识与特长的捷径，因此古已有之。古代，特别是隋唐时代，是日本向中国派遣留学生和学问僧，到了近代，特别是19世纪末20世纪初，中日两国之间的留学方向却发生了180度的大转变，昔日的先生变成了学生，而过去的学生摇身一变却成了先生。在"留日热"的浪潮中，中国学子北自天津，南从上海，如潮如涌，争搭赴日便船，心急如焚地到东瀛留学。这些人多是贵胄和富人子弟，也有取得了功名的秀才、举人，甚至有的是在职的官员。其中有男有女，有老有少，最大者有白发老翁，最小者有十三四岁少年，甚至其中还夹杂着一些缠足的妇女；有的父子、兄弟同伴，有的妻子、儿女相随，更有甚者举家东渡；有的是官费资助，有的是自费出国，沸沸扬扬，形成近代中日文化交流史上盛极一时的赴日留学的奇观。形成这种现象的主要原因，是处在民族危机下的中国知识分子想救亡图存，拟通过学习日本迅速改变贫穷落后的局面。其次是当时清政府为了转移人民强烈不满的情绪和注意力，采取提倡和鼓励赴日留学的政策，清政府颁布了《奖励游学毕业生章程》，规定"在日本大、中学毕业生经过考试，也授予进士、举人出身"。再有，1905年清廷正式废止科举，留学日本便成了知识分子寻找出路、晋身仕宦的途径之一，因此东渡日本留学的人就更多了。日本在各发达国家中离中国最近，费用较少，加以两国文字相似，民俗、民风接近，交通便利，因此就更有吸引力。此时日本政府从其长远利益出发，为了培植亲日力量，也欢迎和鼓励中国派留学生到日本学习，从而也促进了"留日热"的形成。

清政府向日本派遣留学生，最早始于1896年。当时驻日公使裕庚出于使馆工作的需要，从国内选拔了唐宝锷等13名学生到日本留学。此后每年都有留学生赴日学习。后来清政府又下令各省督抚也可以自己派遣留学生出国学习，这样便逐渐形成了东渡日本的高潮。1902年留日学生为450人，1904年为1300人，而1906年就上升到近万人。后来由于日本和中国当局的种种限制，留日热潮有所降温。中国学生多在日本人专为中国留学生开设的学校就读，如日华学堂、弘文学院、成城学校、振武学校、经纬学堂、东斌学堂、法政大学速成科、早稻田大学清国留学生部、实践女学校附属中国女子留学生师范工艺速成科等。这些留学生在日本学习的专业非常广泛，从政治、语言、经济、军事、文史、财政、商业、师范到理工、医药、农学、音乐、美术、体育等都有，其中尤以政法和军事为最热门。不过，这些留学生上速成科和普通科学习的为多，真正学到大学本科毕业的较少。

在日本，许多留学生接触到新知识、新思想，通过日本知识界的介绍，中国留学生也接触到了马克思主义学说。与此同时，由于清政府政治腐败，国家贫弱，致使一些日本人瞧不起中国，不少留学生受到歧视和侮辱，甚至有的日本儿童还骂他们，说他们留着的长辫子是"猪尾巴"。这些遭遇激起了他们的爱国主义和民主革命的思想，他们不满于清政府的统治，形成了一股高涨的爱国热潮，有不少留日学生逐渐从爱国、改良走上革命的道路。

中国留学生在日本还进行了大量的文化交流活动，他们纷纷创办报刊、编译出版各种书籍，把日本和西方各国的新思想、新知识介绍和传播到中国大陆，使广大知识青年受到极大教育，在启迪民智、宣传革命思想方面发挥了很大作用。据不完全统计，在20世纪初，留日中国学生所创办的刊物达七八十种。在编辑、出版刊物的同时，留日学生还大量翻译日文书籍。1900年，留日学生金邦平等人在东京成立译书汇编社，成为留学生中的第一个翻译团体。他们不但出版《译书汇编》月刊，登载大量译文，而且还翻译出版日文专著。其中不但有经济、历史、法律等方面的著作，还有科学社会主义方面的著述。有人把西方著名学者卢梭、孟德斯鸠以及约翰·穆勒等人的著作，从日文版翻译成中文。以留日学生陆世芬为首成立了教科书译辑社，专门编辑、翻译日本的中学教科书，供国内新式学堂采用。此外，湖南留日学生杨度、黄兴等人还创办了湖南编译社，出版名为《游学译编》的杂志以及中小学教科书、教学参考书以及各种日文译著等。福建留日学生创办的闽学会等也翻译出版了不少日文书籍。留日学生范迪吉等人还选译了《普通百科全书》，其中包括人文科学、社会科学和自然科学百余种。仅从1902～1904年短短的3年间，留日学生就翻译日文书籍300种以上。通过翻译日本人的著译，不仅传播了日本和西方的新知识、新文化，也推动了中国的文化教育事业的发展和印刷出版事业的繁荣兴旺。

与此同时，中国引进了大量日本词语，丰富了汉语词汇。据初步统计，现代汉语的外来语词汇中，从日文吸收的有800个左右，其中有日本音译外来语的汉字写法，如"俱乐部"、"混凝土"、"经验"、"集团"、"权威"和"申请"等；其次是日本人借用古代汉语原有的词，意译欧美语音的词汇，中国人又把它吸收过来，改造成现代汉语，如"艺术"、"立场"、"文化"、"出版"、"科学"、"化学"、"哲学"、"文学"、"自由"、"阶级"和"主义"等；再有，日本用汉字意义或部分音译欧美语言的词，中国又直接吸收进现代汉语，如"共产主义"、"资本主义"和"政党"等;甚至还有日本人创造的汉字,如瓩、腺等。

值得一提的是,在大批中国留学生赴日留学的同时,还有不少日籍教师到中国来任教。据初步统计,仅在1905~1906年间来华任教的日本各类教师就有五六百人。他们的足迹几乎遍布中国各地,甚至到了今内蒙古喀喇沁旗以及云贵山区。他们教授的课程有法政、经济、教育、哲学、物理、化学、农学、博物、数学、体育、图画、音乐等。在这些教师中有的人后来成为日本著名学者,如服部宇之吉、冈田朝太郎、杉荣三郎、吉野作造、长谷川辰之助、矢野仁一、藤田丰八和松本龟太郎等。这些教师的来华总体上是为日本侵华服务,他们的工作主要是对中国人民进行思想影响,但客观上对中国近代教育也起到了一定的促进作用。

文化人互访与华人渡海访书

清末中日两国正式建立外交关系以后,双方互设使馆,派驻外交使团,中日两国官员、文化人互访络绎不绝,推动了近代中日之间的经济和文化的交流。中日两国知识界的互访和交流,有助于增强彼此的了解。

早在中日两国建交之前,1854年,广东南海文人罗森就以汉文译员的身份随美国人佩里率领的舰队访问了日本,他列席了日本开国谈判,曾多次与日方代表、官员笔谈,并翻译了双方文件。在日逗留期间,他参与了许多有关中日文化交流的活动。他广交日本各界人士,除官方人物外,还与大批知识分子、学者和僧侣等接触,互相介绍国情,彼此唱和,交流技艺。罗森在日本逗留期间,还撰写了中国近代最早的一部有学术价值的日本游记——《日本日记》。该书在1854年底至1855年初在香港《遐迩贯珍》上连载。书中记述了罗森在日本横滨、下田和箱馆(今函馆市)等地所见所闻的日本的山川、风俗、奇闻奇事和物产等,同时还记述了日美谈判和签订《神奈川条约》的情景,史料、学术价值较高。

黄遵宪,字公度,原籍广东嘉应州(今广东梅县)。1876年他考中举人,次年便随驻日公使何如璋赴日,出任参赞官,负责与日本外务省联系,并起草外交文件和对清政府的汇报等,是中国驻日使团的一位骨干人物。他一贯主张中日两国应平等、互利、友好,共同富强,共御外侮。同时他也坚决反对日本以列强自居,鄙视中国,破坏中日友好,进而侵略中国的种种行为。

黄遵宪在日期间,细心观察日本的风土民情、山川地貌、物产、历史、学术以及明治维新后的各种制度。他广泛与日本各阶层人士联系,与他们交流学术,以诗言志,彼此唱和,弘扬了中国文化,加深了彼此的友谊。黄遵宪在这方面的主要代表作是《日本杂事诗》和《日本国志》。《日本杂事诗》于1877年首次出版,共收七绝154首。此书后来又进行了增补,加上了他的其他诗作,如《樱花歌》、《近世爱国志士歌》和《都踊歌》等，收录在《人境庐诗草》一书中。《日本国志》共40卷，50万字，是近代中国人研究日本的代表作。该书全面、细微地对日本做了研究和介绍，加深了中国人对日本的了解和认识，在中日文化交流史上占有极其重要的地位。

黄遵宪在日本任职期间广交朋友，与他们结下了深厚的友谊。他与旧藩主源辉声（又名大河内辉声）的深厚友谊就是典型的事例。他们两人以诗酒、翰墨共乐，切磋学问，黄遵宪的《日本杂事诗》的初稿应源辉声之请，埋藏在他家的院子中，并竖碑立塚。这是中日文化交流史中的一段佳话。

在中日建交以后到中日甲午战争前的20年中，有许多中国文化人访问了日本，并写出了不少日记、游记，除上述的罗、黄的书籍外，著名学者王韬在日本访问4个月，撰写了《扶桑日记》，影响较大。姚文栋的《日本地理兵要》是以日本陆军省出版的《兵要地理》等书为依据，进行增补，特别注意了港湾、岛屿的情况，可以说是近代中国第一部有关日本地理的书籍。傅云龙的《日本游历图经》是一部地图集，也是中国首次出版的有关日本各县的地图。杨守敬借在驻日使馆工作之机，搜集采购中国早已散失的古佚书3万多卷，并撰写了《日本访书志》。在东瀛任驻日公使的黎庶昌，在日期间广泛开展中日文化交流活动，亲自主办中日文人诗会，出版诗集，并与使馆随员杨守敬一起编辑、刊印了《古逸丛书》。在杨守敬、黎庶昌之后，还有不少人专门渡海到日本访书，他们为此搜集和出版了不少专书、目录和访书杂记，其中有傅增湘的《藏园东游别录》、孙楷第的《日本东京所见小说书目》、董康的《书舶庸谭》和叶得辉的《书林清话》与《书林余话》等。这些人的活动和著述，对中国文化遗产和古籍的保存起了积极作用。

日本的学人和知识分子也不断来华访问，了解中国的社会问题，向中国知识界介绍世界情况。如冈本监辅曾先后两次来华，并用中文编写了《万国史记》，于1895年出版。此书在华多次翻印，影响较大。冈千仞1884年来华，先后访问了上海、南京、广州、北京等地，前后达一年左右，曾撰著《观光游记》，其中指出了中国时弊，也斥责了沙俄以及英法等国对中国的侵略。他还用中文编撰《尊攘纪事》、《美利坚志》、《藏名山房余事》和《法兰西志》等书，向中国人介绍西方国家的情况。此外，植木枝盛撰著有《无天杂录》和《民权自由论》、服部诚一撰写有《东京新繁昌记》等书，作者以民主主义思想，从朴素的辩证法的观点出发，反对宿命论和无所作为的观点，提倡平等、自由和男女平等，这一切都对渴望寻求真理的中国知识界产生了深远的影响。

八　辛亥革命前后中日间的文化交流

1 孙中山与辛亥革命

鸦片战争以后，以英、法、美为首的殖民主义列强，进一步把魔爪伸向中国，纷纷划分势力范围，妄图瓜分中国。腐败的清政府不但不积极组织人民群众共同抵御外侮，反而为虎作伥，变本加厉地剥削、欺压人民，加深了中国社会的矛盾。由一些先进人士和知识分子组成的资产阶级改良派，以西方的进化论和资产阶级民主主义学说作为思想武器，提出了"救国图存"的口号，要求效法日本，变法维新，企图通过改良的道路，发展资本主义，使中国富强起来，以抵制帝国主义侵略，防止人民革命，其代表人物就是康有为、梁启超等。在当时的历史条件下，中外反动派不允许中国资产阶级改良派取得成功，结果"戊戌变法"犹如昙花一现，只维持了百日，就被以慈禧太后为首的保守派摧垮，康、梁等人匆匆逃亡日本，堕落成保皇派。与他们不同，在中国另有一部分先进分子，认清了前途，主张必须通过武装起义的方式推翻清朝统治，建立资产阶级民主共和国。这些人士的杰出代表就是中国民主主义革命的伟大先行者孙中山先生。

孙中山（1866～1925年），广东香山（今广东中山）人。原名孙文，字明德，号逸仙。1897年在日本从事革命活动时化名中山樵，故后人均称其为孙中山。他青少年时期曾先后在家乡、香港、广州、澳门和美国檀香山（即夏威夷群岛的火奴鲁鲁）等地读书、行医，并在华侨中进行反清的革命活动，成立了"兴中会"。1895年领导广州起义失败后，他第一次流亡日本，此后至1924年最后一次访问日本，前后30年，东渡日本15次，在日生活时间加在一起达9年之多。他对日本人民怀有深厚的感情，对日本山川十分留恋，曾称日本是他的第二故乡。

19世纪末至20世纪初，日本客观上成为中国资产阶级革命的国外策源地和基地。1900年，孙中山在惠州领导起义时，就有日本朋友山田良政等人参加。1901年后，在海外华侨和部分留日学生的支持下，孙中山以日本为据点，奔走于中国、日本、东南亚和欧美各地，宣传革命，组织武装起义。他先后联合中国留日学生、中国资产阶级革命家邹容、陈天华等人一起反清。1903年至1904年间，留日学生在国内成立光复会、华兴会等革命团体，出版各种革命刊物和书籍。邹容的《革命军》、陈天华的《猛回头》和《警世钟》等书都是在日本出版后秘密带回国的，影响很大。后来黄兴、宋教仁和秋瑾等人也先后赴日,与孙中山联合在一起,从事反清活动。1905年,中国资产阶级第一个政党——同盟会在日本东京成立。后来孙中山领导的多次武装起义也多是在日本策划的。中国资产阶级革命家章太炎,1899年在日本首次结识孙中山,后来曾3次赴日,并于1906年在日本参加了同盟会,任该会机关报《民报》总编辑,在与康梁保皇派的论战中起了主将的作用。

孙中山在日本期间,结交了许多同情中国革命的日本朋友,并得到了他们的帮助和支持,有的人(如山田良政)还参加了中国的武装起义,并献出了宝贵的生命。其他如宫崎寅藏(又名宫崎滔天,1870～1922年)和梅屋庄吉等人都对孙中山在日本的革命活动提供过物质上和精神上的巨大帮助。

孙中山对日本政府的认识是有一个过程的。本来他一直真诚地希望日本能从道义上和物质上支持中国革命,希望将来中日两国在平等、互利的基础上联合起来,共同抵御西方列强,振兴东亚乃至整个亚洲。但他万万没有想到日本政府却每次都是站在清政府、袁世凯和北洋军阀方面与自己作对,从而使他一次次幻想破灭。经过多次碰壁和挫折,使孙中山的头脑逐渐清醒起来,抛弃了对日本当权者的种种幻想,以百折不挠的精神,领导革命党人与清统治者进行坚决斗争。1911年10月10日,革命党人在武昌举行武装起义,终于推翻了清王朝的腐朽统治,这就是震撼世界的辛亥革命。次年(1912年)成立了中华民国。

八 辛亥革命前后中日间的文化交流

辛亥革命虽然推翻了清王朝,但革命的成果却被窃国大盗袁世凯夺去。护法战争的失败,巴黎和会的耻辱,更促使孙中山进一步认清了日本政府欲侵略、吞并中国的狼子野心。在俄国十月社会主义革命和中国五四运动的影响下,他开始对日本的帝国主义侵略政策采取了严肃批判的态度。

辛亥革命的发生,在日本也引起了较大的反响。日本帝国主义对此非常恐惧和仇视,他们不愿意看到中国革命成功,成为一个强大而独立的国家,更不愿意中国成为民主共和国,因此他们对辛亥革命持敌对态度,把革命军称为"暴徒",并派军舰到长江中下游一带游弋,以监视革命军的动向,伺机进行武装干涉。但是日本广大民众和进步人士的态度却与日本帝国主义截然不同,他们同情辛亥革命,支持中国实行共和制,反对日本政府干涉中国内政。他们纷纷发表演说、撰写文章表示对中国革命的同情和支持,还成立了不少研究中国问题的组织、团体。

辛亥革命给日本的影响还表现为启发和鼓舞了日本人民争取自由、民主的斗争,推动了日本大正初年的护宪运动和大正政变。中国辛亥革命的爆发和民主共和运动的高涨,极大地激发和鼓舞了日本人民,他们把中国革命与本国争取民主权利的斗争联系在一起,纷纷举行集会、游行,与反动当局展开斗争。日本社会主义运动的先驱、国际共产主义优秀战士、中国人民的忠实朋友片山潜就是一位杰出的代表。他始终站在马克思主义立场上,时刻关注和支持中国革命。他先后发表《不要对中国抱有野心》、《昨日非今日，欢迎孙氏》、《在日本的中国亡命者》和《日本与中国》等 20 多篇论述中国问题的文章。在文章中，他明确指出："两国人民都将受到帝国主义、军国主义带来的日益增大的苦难，但后者的统治将以短命而告终。"他还预言："中国未来的革命将是建立社会主义和共产主义的共和国。这可能比资本主义更发达的日本更早地取得成功。""中国的革命正以不可阻挡之势向前进展着，正如扬子江的巨流一样。"

鲁迅、李大钊、郭沫若与留学生

辛亥革命后，大约在 1914 年前后，由于局势的变化，形成了赴日留学的第二次高潮。在两次留学高潮中，涌现出不少杰出人才，他们后来成了著名的革命家、教育家和作家。如邹容、陈天华、黄兴、秋瑾、鲁迅、宋教仁、廖仲恺、何香凝、陈独秀、杨度、钱玄同、沈钧儒、周恩来、郭沫若、李大钊、吴玉章、李达、林伯渠、彭湃、廖承志、田汉、郁达夫、黄炎培、周扬、欧阳予倩、成仿吾、夏衍和艾思奇等。他们广泛接触日本各阶层人物，深入开展文化交流，与日本人民结下了深厚的友谊。这里仅以鲁迅、李大钊、郭沫若为代表，简述他们与日本友人的交往、友谊和所从事的中日文化交流活动。

鲁迅（1881～1936 年）是中国现代伟大的思想家、文学家和革命家。原名周树人，幼名樟寿，字豫才。鲁迅是他在1918年发表《狂人日记》时用的笔名。原籍浙江省绍兴市。他少年时代接受的是中国传统的文化教育，后来于1898年考入南京江南水师学堂，后改入矿务铁路学堂，开始接受"新学"教育。1902年初作为官学生，由江南督练公所派往日本，开始了他1902年至1909年的留学生涯。他先在东京弘文学院学习，除学习日文外，广泛阅读了近代科学和哲学书籍。他看到日本明治维新后资本主义的迅速发展，深感清政府的腐败无能，为此他积极投身于反清运动。

　　1904年9月，他从东京来到仙台，入仙台医学专门学校，结识了解剖学教授藤野严九郎。藤野先生从小学过汉学，热爱中国文化，对中国人民怀有崇敬和友好的感情，因此他对鲁迅很关怀、爱护，主动帮助他修改听课笔记，请他到家里做客，送他照片并亲自题字。1905年，鲁迅精神上受到了一次强烈刺激。在一次上细菌课时，放映关于日俄战争的幻灯片，其中有一个镜头是一个强壮的中国人因为给俄军当"探子"而遭日军杀害，四周许多围观的中国同胞无动于衷。这一场面使鲁迅痛感医学并非紧要之事，而当务之急是要改变中国民众的精神面貌。他因此决定弃医学文。1906年春他返回东京，参加反清组织光复会，以后便从事编译工作。1909年秋他离日返国，先在绍兴教中学，后到北京国民政府教育部工作，并参加《新青年》的编辑工作，还在北京大学、北京女子师范大学等高校任教。在此期间，他还从事中国小说史和小说创作，发表了《狂人日记》、《孔乙己》、《药》和《阿Q正传》等著名小说。与此同时，鲁迅也把许多日本作家，如夏目漱石和森鸥外的短篇小说译成中文，于1923年出版了《现代日本小说集》。从1927年起至1936年病逝前，鲁迅一直生活、创作在上海。在这里他刻苦学习马列主义，结交革命同志，翻译马克思主义文艺理论书籍以及苏联、日本的优秀文艺作品，并发起和参加了"左翼作家联盟"。在上海，他广交日本朋友，积极向他们宣传中国人民的革命斗争，揭露敌人的种种阴谋，此时他的日本友人主要有内山完造、增田涉和西村真琴等人。他曾在一首名为《题三义塔》的诗中，表达了赞颂中日两国人民的兄弟情谊，号召两国人民携起手来打倒共同敌人，消除过去彼此间的矛盾和仇恨的心情。原诗为："精禽梦觉仍衔石，斗士诚坚共抗流。度尽劫波兄弟在，相逢一笑泯恩仇。"

　　鲁迅一生与日本文化，特别是文学艺术有过广泛而密切的接触，他的作品不少是借鉴了日本文学作品而写成的。

　　鲁迅的作品不仅中国人民喜爱，也深受日本人民的欢迎。日本作家积极而热情地把鲁迅的作品翻译、介绍给了日本人民。20世纪30年代，日本先后出版了《鲁迅创作选集》、《鲁迅小说选集》、《大鲁迅全集》、《阿Q正传》和《中国小说史略》等，在中日文化交流史上产生了深远的影响。

　　李大钊（1889～1927年）是中国共产党的创始人之一、教育家，字守常。他原籍河北省乐亭县，早年接受传统文化教育，后入天津法政专科学校学习。他于1913年赴日留学，在早稻田大学学习政治学，并积极从事反袁活动。1915年年底，他联络留日学生，成立了留日学生总会。他在日本时努力学习马克思主义著作，接触欧洲的社会主义思潮，使爱国主义和革命民主主义思想迅速弘扬。1915年，由于袁世凯与日本帝国主义秘密策划"二十一条"，出卖祖国利益，激起了留日学生的反帝爱国斗争的高潮。李大钊为此撰写了一系列文章，《警告全国父老书》、《国民之薪胆》影响尤大。他和陈独秀一起提倡"民主与科学"的革命民主主义思想，倡导新文化、新思想，表示对旧思想要坚决决裂。他1916年回国，投身国内革命斗争，任北京大学图书馆主任，同时还兼任政治学系和史学系教授，并成为中国共产党的缔造者之一。1919年，五四运动爆发，此时也正是日本民主运动的高涨时期，中日两国思想文化交流十分活跃，民主进步势力的相互支援也表现得异常明显。李大钊与吉野作造就是这一时期中日文化交流的主要倡导者。吉野作造1907年曾在天津法政专科学校任教，是李大钊的老师。李大钊在日留学期间深受吉野作造、幸德秋水、安部矶雄和河上肇等人的民主主义和社会主义思想的影响。吉野作造曾任东京大学教授，是日本大正民主运动的理论指导者，主张民本主义，反对军阀统治，由他发起成立了"黎明会"。李大钊、陈独秀创办的《每周评论》杂志经常刊登吉野作造的文章和信件，彼此联系，互相声援，从而加深了彼此的真挚友谊。在他们二人的倡导下，还进行了北京大学和东京大学师生相互访问等活动。在当时日本加紧入侵中国的形势下，这种活动充分说明，中日两国人民的友好情谊和文化交流是历史潮流，是任何力量也不可阻挡的。

李大钊的革命活动，引起了中外反动派的恐惧和憎恨，必将其置之死地而后快。1927年，受日本帝国主义支持的奉系军阀张作霖在北京残酷地杀害了他。

郭沫若（1892~1978年）是中国现代革命家和社会活动家，也是著名的历史学家、考古学家和文学家。他原名郭开贞，号尚武，笔名沫若、鼎堂、石陀、高汝鸿和麦克昂等。原籍四川省乐山市。他自幼聪颖好学，童年受传统文化教育，少年时开始接受"新学"，并积极参加学潮运动。1913年，他赴日留学，先后在东京第一高等学校预科、冈山第六高等学校和福冈九州帝国大学医科学习。1921年，他决定弃医学文，并与成仿吾、田汉和郁达夫等人组织了"创造社"。1923年，他携家回国，在上海广泛接触马克思主义，并投身于工农革命运动。大革命失败后，他于1928年初再一次东渡日本，避居千叶县市川市。这次一住10年，直到抗日战争爆发后的1937年7月才返回祖国。在此期间，他除了继续从事文艺创作外，主要是研究中国古代历史、古文字学（主要是甲骨文和金文）等。他的一系列作品对中日文化交流作出了杰出贡献，深受中日两国知识分子欢迎和重视。他曾应邀在东京作《中日文化之交涉》的演讲，回顾了两千多年来中日文化交流的历史。他认为中国文化在古代时的传播是

"成功的"，但到了近代，日本的资本主义文化流向中国却"似乎是失败的"。

留日学生在左翼运动发展过程中，发挥了很大的促进作用，他们不但在日本陆续成立了不少进步的文化团体和革命组织（如福冈的"夏社"、"太阳社东京分社"、"马克思主义读书会"等），而且归国留日学生也成立了各种文化团体（如"文美会"、"中国科学会"和"东方画会"等）。此外，他们还领导和组织了伟大的思想启蒙运动——"新文化运动"。这一切不但加强了文化人才的培养，也促进了中国新文化事业的进步和发展。特别值得一提的是，这些留日学生还把他们接触和掌握的有关马克思主义的著作译成中文，介绍到国内来，产生了深远的影响。如1904年幸德秋水和堺利彦合译的《共产党宣言》出版后，陈望道将日文本《共产党宣言》译成中文，在上海出版。1906年朱执信出版了《德意志社会革命家小传》，其中也摘译了《共产党宣言》，并介绍了马克思、恩格斯的生平。1908年摘译出版了恩格斯的《家庭·私有制和国家的起源》。此外郭沫若翻译了河上肇的《社会组织与社会革命》，陈望道也转译了河上肇译的马克思名著《资本论》等。

3 "贸易"与文化交流

1914年，第一次世界大战爆发，欧美帝国主义相互倾轧，无暇东顾，向中国输出的商品锐减，为日本向中国倾销商品打开了方便之门，日本遂大量向中国输出商品，掠夺原料。日本向中国倾销的商品主要是棉布、棉纱、白糖、火柴、纸张和其他轻工业品；中国向日本输出的商品主要是豆类、豆饼、棉花、煤炭、铁矿石等矿产品和各种化工原料。1918年，日本在中国整个进口贸易中占41.4%，在中国整个出口贸易中占33.6%。从第一次世界大战开始，至抗日战争爆发前夕，中国一直是日本海外掠夺的主要目标，已成为日本发展军国主义的重要经济来源之一。中日两国的贸易也处于不平等的地位，中国处于严重入超的境地。

辛亥革命前后的中日文化交流，主要表现为中国较多地吸收日本文化，尤其是通过日本吸收西方文化。例如，在美术方面，中国画坛大量引进了油画、水彩画和水粉画，同时也增加了漫画、木刻等新画种，打破了以水墨画为主的中国传统绘画的单一状况。同时，也引进了西方现代绘画美学思想，繁荣、丰富了中国绘画理论。在音乐方面，主要表现为歌唱成为学校教育的一部分，从而推动了中国美育教育的发展。除唱歌外，演奏风琴、钢琴、西方音乐以及运用五线谱和简谱等也开始介绍到国内，从而揭开了中国现代音乐发展的序幕。在文学方面，由于日本文学的影响，促进了中国现代文学的发展，许多留日学生后来成了中国文坛的主将，创作了许多新文学、新小说，代表人物主要有鲁迅、郭沫若、郁达夫、胡风、周扬和夏衍等人。当时日本文学的文体，对于中国文体的改革、对于白话文的逐步普及以及最后代替文言文，都产生了潜移默化的作用。体育方面，近代日本体育的发展，也对中国发生了很大影响。旅日归国人员中涌现了许多热心体育事业的活动家和体育教员。许多留日学生还把现代体育竞技项目引进国内，如棒球、柔道等。还有不少留日学生纷纷创办报纸、杂志，撰写文章，为现代体育事业的发展作出了自己的贡献。在新闻出版方面，留日学生创办了《青年》、《每日评论》、《国民》、《晨报》副刊、《大公报》和《文化战线》等，仅鲁迅一人主编或参加编辑的报刊就有20多种。留日学生还在出版物中引进了新式标点符号，从而改变了古装书没有标点符号的局面，这是中国文化史上划时代的事件。此外，这时中文书籍也由传统的线装改为西洋书的印刷和装订方法。随着书刊装帧方法的改革，报刊版面的编排、页码编制等也相应发生变化，为加速文化普及作出了贡献。在饮食文化方面，中日两国此时也进行了广泛的交流。随着大量人员的往来，在食品、烹饪等方面相互影响，日本人喜爱食用的紫菜、味精、"鸡素烧"等食品也相继被引入中国。此外，这一时期许多日语进一步融入了汉语之中，我们今天正在使用的词语，不少就是那时引入中国的，如"体操"、"剩余价值"、"活跃"、"取缔"、"革命"、"投资"、"权威"、"法人"、"矿产"、"评价"、"品位"、"人格"、"人权"、"人选"等。

结束语

中日两国有长达两千年以上的友好交往和经济、文化交流的历史，这在世界历史上也是少见的。尽管在这漫长岁月中曾有过战争和不愉快的事情发生，但即使在最困难的时期，中日两国的民间交流也始终没有停止，一直绵延不绝，而且不断发展、壮大。

中华人民共和国成立后很长一段时间，中日两国尽管没有恢复邦交，两国之间的战争状态也没有结束，但是中日两国人民以及各种友好组织，一直积极地为发展两国的友好关系而努力，使实现中日邦交正常化成为一股不可抗拒的历史潮流。1972年9月，中日双方宣布结束战争状态，建立正式外交关系。中日两国邦交正常化的实现，揭开了两国关系史的新篇章。1978年，中日两国又签订了中日和平友好条约，为两国在各个领域的交流、合作开辟了新的前景，迎来了中日文化交流的更大高潮。20多年来，中日两国人民排除各种干扰，政治、经济和文化交流日益深入发展，取得了惊人的成就。我们相信，在新的历史条件下，中日文化交流将不断发展，结出更丰硕的果实，中日两国人民将世世代代友好下去。

参考书目

1. 汪向荣、夏应元编《中日关系史资料汇编》，中华书局，1984。
2. 张声振：《中日关系史》（卷一），吉林文史出版社，1986。
3. 杨正光：《中日关系简史》，湖北人民出版社，1984。
4. 王晓秋：《中日文化交流史话》，山东教育出版社，1991。
5. 夏应元：《海上丝绸之路的友好使者——东洋篇》，海洋出版社，1991。
6. 杨考臣主编《中日关系史纲》，上海外语教育出版社，1987。
7. 严绍璗：《中日古代文学关系史稿》，湖南文艺出版社，1987。
8. 梁容若：《中日文化交流史论》，商务印书馆，1985。
9. 刘德有、马兴国主编《中日文化交流事典》，辽宁教育出版社，1992。

10. 王晓秋:《近代中日交流史》,中华书局,1992。
11. 水野明:《日中关系史概说》,中部日本教育文化会,1987。
12. 藤家礼之助著,张俊彦、卞立强译《日中交流二千年》,北京大学出版社,1982。
13. 九州和中华人民共和国新闻社编《九州中的中国》,九州和中华人民共和国新闻社,1983。

《中国史话》总目录

系列名	序号	书名	作者
物质文明系列（10种）	1	农业科技史话	李根蟠
	2	水利史话	郭松义
	3	蚕桑丝绸史话	刘克祥
	4	棉麻纺织史话	刘克祥
	5	火器史话	王育成
	6	造纸史话	张大伟　曹江红
	7	印刷史话	罗仲辉
	8	矿冶史话	唐际根
	9	医学史话	朱建平　黄　健
	10	计量史话	关增建
物化历史系列（28种）	11	长江史话	卫家雄　华林甫
	12	黄河史话	辛德勇
	13	运河史话	付崇兰
	14	长城史话	叶小燕
	15	城市史话	付崇兰
	16	七大古都史话	李遇春　陈良伟
	17	民居建筑史话	白云翔
	18	宫殿建筑史话	杨鸿勋
	19	故宫史话	姜舜源
	20	园林史话	杨鸿勋
	21	圆明园史话	吴伯娅
	22	石窟寺史话	常　青
	23	古塔史话	刘祚臣
	24	寺观史话	陈可畏

系列名	序号	书名	作者
物化历史系列（28种）	25	陵寝史话	刘庆柱　李毓芳
	26	敦煌史话	杨宝玉
	27	孔庙史话	曲英杰
	28	甲骨文史话	张利军
	29	金文史话	杜　勇　周宝宏
	30	石器史话	李宗山
	31	石刻史话	赵　超
	32	古玉史话	卢兆荫
	33	青铜器史话	曹淑芹　殷玮璋
	34	简牍史话	王子今　赵宠亮
	35	陶瓷史话	谢端琚　马文宽
	36	玻璃器史话	安家瑶
	37	家具史话	李宗山
	38	文房四宝史话	李雪梅　安久亮
制度、名物与史事沿革系列（20种）	39	中国早期国家史话	王　和
	40	中华民族史话	陈琳国　陈　群
	41	官制史话	谢保成
	42	宰相史话	刘晖春
	43	监察史话	王　正
	44	科举史话	李尚英
	45	状元史话	宋元强
	46	学校史话	樊克政
	47	书院史话	樊克政
	48	赋役制度史话	徐东升

系列名	序号	书名	作者
制度、名物与史事沿革系列（20种）	49	军制史话	刘昭祥　王晓卫
	50	兵器史话	杨　毅　杨　泓
	51	名战史话	黄朴民
	52	屯田史话	张印栋
	53	商业史话	吴　慧
	54	货币史话	刘精诚　李祖德
	55	宫廷政治史话	任士英
	56	变法史话	王子今
	57	和亲史话	宋　超
	58	海疆开发史话	安　京
交通与交流系列（13种）	59	丝绸之路史话	孟凡人
	60	海上丝路史话	杜　瑜
	61	漕运史话	江太新　苏金玉
	62	驿道史话	王子今
	63	旅行史话	黄石林
	64	航海史话	王　杰　李宝民　王　莉
	65	交通工具史话	郑若葵
	66	中西交流史话	张国刚
	67	满汉文化交流史话	定宜庄
	68	汉藏文化交流史话	刘　忠
	69	蒙藏文化交流史话	丁守璞　杨恩洪
	70	中日文化交流史话	冯佐哲
	71	中国阿拉伯文化交流史话	宋　岘

系列名	序号	书名	作者
思想学术系列（21种）	72	文明起源史话	杜金鹏 焦天龙
	73	汉字史话	郭小武
	74	天文学史话	冯时
	75	地理学史话	杜瑜
	76	儒家史话	孙开泰
	77	法家史话	孙开泰
	78	兵家史话	王晓卫
	79	玄学史话	张齐明
	80	道教史话	王卡
	81	佛教史话	魏道儒
	82	中国基督教史话	王美秀
	83	民间信仰史话	侯杰
	84	训诂学史话	周信炎
	85	帛书史话	陈松长
	86	四书五经史话	黄鸿春
	87	史学史话	谢保成
	88	哲学史话	谷方
	89	方志史话	卫家雄
	90	考古学史话	朱乃诚
	91	物理学史话	王冰
	92	地图史话	朱玲玲

系列名	序号	书名	作者
文学艺术系列（8种）	93	书法史话	朱守道
	94	绘画史话	李福顺
	95	诗歌史话	陶文鹏
	96	散文史话	郑永晓
	97	音韵史话	张惠英
	98	戏曲史话	王卫民
	99	小说史话	周中明　吴家荣
	100	杂技史话	崔乐泉
社会风俗系列（13种）	101	宗族史话	冯尔康　阎爱民
	102	家庭史话	张国刚
	103	婚姻史话	张　涛　项永琴
	104	礼俗史话	王贵民
	105	节俗史话	韩养民　郭兴文
	106	饮食史话	王仁湘
	107	饮茶史话	王仁湘　杨焕新
	108	饮酒史话	袁立泽
	109	服饰史话	赵连赏
	110	体育史话	崔乐泉
	111	养生史话	罗时铭
	112	收藏史话	李雪梅
	113	丧葬史话	张捷夫

系列名	序号	书名	作者
近代政治史系列（28种）	114	鸦片战争史话	朱谐汉
	115	太平天国史话	张远鹏
	116	洋务运动史话	丁贤俊
	117	甲午战争史话	寇伟
	118	戊戌维新运动史话	刘悦斌
	119	义和团史话	卞修跃
	120	辛亥革命史话	张海鹏 邓红洲
	121	五四运动史话	常丕军
	122	北洋政府史话	潘荣 魏又行
	123	国民政府史话	郑则民
	124	十年内战史话	贾维
	125	中华苏维埃史话	杨丽琼 刘强
	126	西安事变史话	李义彬
	127	抗日战争史话	荣维木
	128	陕甘宁边区政府史话	刘东社 刘全娥
	129	解放战争史话	朱宗震 汪朝光
	130	革命根据地史话	马洪武 王明生
	131	中国人民解放军史话	荣维木
	132	宪政史话	徐辉琪 付建成
	133	工人运动史话	唐玉良 高爱娣
	134	农民运动史话	方之光 龚云
	135	青年运动史话	郭贵儒
	136	妇女运动史话	刘红 刘光永
	137	土地改革史话	董志凯 陈廷煊
	138	买办史话	潘君祥 顾柏荣
	139	四大家族史话	江绍贞
	140	汪伪政权史话	闻少华
	141	伪满洲国史话	齐福霖

系列名	序号	书名	作者
近代经济生活系列（17种）	142	人口史话	姜涛
	143	禁烟史话	王宏斌
	144	海关史话	陈霞飞 蔡渭洲
	145	铁路史话	龚云
	146	矿业史话	纪辛
	147	航运史话	张后铨
	148	邮政史话	修晓波
	149	金融史话	陈争平
	150	通货膨胀史话	郑起东
	151	外债史话	陈争平
	152	商会史话	虞和平
	153	农业改进史话	章楷
	154	民族工业发展史话	徐建生
	155	灾荒史话	刘仰东 夏明方
	156	流民史话	池子华
	157	秘密社会史话	刘才赋
	158	旗人史话	刘小萌
近代中外关系系列（13种）	159	西洋器物传入中国史话	隋元芬
	160	中外不平等条约史话	李育民
	161	开埠史话	杜语
	162	教案史话	夏春涛
	163	中英关系史话	孙庆

系列名	序号	书名	作者
近代中外关系系列（13种）	164	中法关系史话	葛夫平
	165	中德关系史话	杜继东
	166	中日关系史话	王建朗
	167	中美关系史话	陶文钊
	168	中俄关系史话	薛衔天
	169	中苏关系史话	黄纪莲
	170	华侨史话	陈 民　任贵祥
	171	华工史话	董丛林
近代精神文化系列（18种）	172	政治思想史话	朱志敏
	173	伦理道德史话	马 勇
	174	启蒙思潮史话	彭平一
	175	三民主义史话	贺 渊
	176	社会主义思潮史话	张 武　张艳国　喻承久
	177	无政府主义思潮史话	汤庭芬
	178	教育史话	朱从兵
	179	大学史话	金以林
	180	留学史话	刘志强　张学继
	181	法制史话	李 力
	182	报刊史话	李仲明
	183	出版史话	刘俐娜
	184	科学技术史话	姜 超

系列名	序号	书名	作者
近代精神文化系列（18种）	185	翻译史话	王晓丹
	186	美术史话	龚产兴
	187	音乐史话	梁茂春
	188	电影史话	孙立峰
	189	话剧史话	梁淑安
近代区域文化系列（一种）	190	北京史话	果鸿孝
	191	上海史话	马学强　宋钻友
	192	天津史话	罗澍伟
	193	广州史话	张　苹　张　磊
	194	武汉史话	皮明庥　郑自来
	195	重庆史话	隗瀛涛　沈松平
	196	新疆史话	王建民
	197	西藏史话	徐志民
	198	香港史话	刘蜀永
	199	澳门史话	邓开颂　陆晓敏　杨仁飞
	200	台湾史话	程朝云

《中国史话》主要编辑出版发行人

总 策 划	谢寿光	王　正	
执行策划	杨　群	徐思彦	宋月华
	梁艳玲	刘晖春	张国春
统　　筹	黄　丹	宋淑洁	
设计总监	孙元明		
市场推广	蔡继辉	刘德顺	李丽丽
责任印制	岳　阳		